그림으로 배우는

알고리즘
Algorithm
Basic

스기우라 켄 지음
서재원 옮김

그림으로 배우는 알고리즘

ALGORITHM NO KIHON

Copyright ⓒ 2011 by Ken Sugiura
All rights reserved.
Original Japanese edition published in 2015 by SB Creative Corp.
Korean translation rights arranged with SB Creative Corp.
Through Eric Yang Agency Co., Seoul.
Korean translation rights ⓒ 2021 by Youngjin.com Inc.

이 책의 한국어판 저작권은 EYA(에릭양 에이전시)를 통한 'SB Creative Corp.'와의 독점계약으로 '주식회사 영진닷컴'에 있습니다. 저작권법에 의하여 한국 내에서 보호를 받는 저작물이므로 무단전재와 복제를 금합니다.

이 책에서 언급된 모든 상표는 각 회사의 등록 상표입니다. 또한 인용된 사이트의 저작권은 해당 사이트에 있음을 밝힙니다.

독자님의 의견을 받습니다.

이 책을 구입한 독자님은 영진닷컴의 가장 중요한 비평가이자 조언가입니다. 저희 책의 장점과 문제점이 무엇인지, 어떤 책이 출판되기를 바라는지, 책을 더욱 알차게 꾸밀 수 있는 아이디어가 있으면 이메일, 또는 우편으로 연락주시기 바랍니다. 의견을 주실 때에는 책 제목 및 독자님의 성함과 연락처(전화번호나 이메일)를 꼭 남겨주시기 바랍니다. 독자님의 의견에 대해 바로 답변을 드리고, 또 독자님의 의견을 다음 책에 충분히 반영하도록 늘 노력하겠습니다.

ISBN 978-89-314-5396-6

등 록 : 2007. 4. 27. 제16-4189호
이메일 : support@youngjin.com
주 소 : (우)08507 서울특별시 금천구 가산디지털1로 128 STX-V타워 4층 401호 (주)영진닷컴 기획1팀
인 쇄 : 예림인쇄

STAFF

저자 스기우라 켄 | 역자 서재원 | 총괄 김태경 | 진행 최영록 | 본문 편집 디자인팀 | 표지 디자인 최동연 | 내지 디자인 지화경

저자 프로필

스기우라 켄

유한회사 시스템 로드에서 마이크로 컴퓨터 제어 관련 프로그램 제작을 담당. 현재는 독립하여 주로 C, C++, VB.NET 언어를 사용한 윈도우 응용 프로그램 제작에 종사하고 있다. 또한, 소프트웨어 제작사의 신입 사원 연수를 비롯하여 컴퓨터 전문학교의 외래 강사를 역임. 저서로는 '프로그래밍의 기본', '그림으로 배우는 간단 알고리즘(SB크리에이티브)', '그림으로 이해하는 알고리즘의 기본과 원리(슈와 시스템)' 등이 있다.

아 트 디 렉 터 : 사카모토 키코(Design Studio Pallete)
커버 일러스트 : 노베 하야토(http://breathpiece.com/)
본문 일러스트 : 야마모토 오사무(atelier TRUMP HOUSE)
　　　　　　　　http://mdr.or.jp/~trump

들어가며

20세기에 발명된 컴퓨터는 비약적인 발전을 거듭하였고, 21세기 현대에는 휴대 전화와 TV, 디지털 카메라 및 게임기 등의 생활용품에 내장되어 있습니다. 또한 자동 개찰구와 ATM, 자동 판매기 등, 같은 사회생활에 필요한 장비의 제어와 고객 관리, 재무 관리, 판매 관리와 같은 다양한 기업의 업무 또한 컴퓨터 없이는 할 수 없는 상황이 되었습니다.

이처럼 다양한 장소에서 사용되는 컴퓨터는 하드웨어와 소프트웨어의 조합으로 작동합니다. 아무리 훌륭한 성능을 가진 하드웨어가 있다고 하더라도 그 하드웨어를 자유자재로, 효율적으로 작동시키는 소프트웨어, 즉 프로그램이 없다면 컴퓨터는 단순한 상자에 지나지 않게 됩니다.

이 책에서는 컴퓨터에서 동작하는 좋은 프로그램을 만드는데 학습해야 할 '알고리즘'을 기초부터 설명하고 있습니다. '초보자도 충분히 이해할 수 있도록 최대한 쉽게 설명한다.'는 목표 아래, 알고리즘을 재미있게 학습해 나아갈 수 있도록 고려하면서 컴퓨터를 사용하여 프로그래밍을 할 때의 특유의 사고 방식을 이해할 수 있도록 구성했습니다.

구체적으로는 '알고리즘이란 무엇이고 프로그램이란 무엇인가'를 시작으로, 전반부에는 프로그래밍의 기초인 '변수와 배열'이라는 데이터 저장 방법과 여러 개의 데이터를 연계하여 저장하기 위한 다양한 '자료구조'에 대해 설명했습니다. 후반부에는 '기본적인 알고리즘'을 시작으로 프로그래밍의 가장 중요한 과제인 '정렬과 탐색' 알고리즘에 대해 자세히 설명했습니다. 그에 더하여 '그 외의 알고리즘'으로써 보다 복잡한 알고리즘을 소개하고, 마지막에는 알고리즘의 효율성을 측정하는 기준인 '알고리즘 계산량'에 대해 설명했습니다.

이 책을 통하여, 독자 여러분이 품고 있던 '알고리즘이라는게 도대체 뭐지?'라는 의문이 조금이라도 해소될 수 있다면 기쁘겠습니다.

2011년 2월 스기우라 켄

역자의 말

이 책의 번역이 끝난 2016년 3월 9일, 실로 역사적인 사건이 벌어졌습니다. 인류 최고의 바둑 전문가 이세돌 9단이 기계 학습 알고리즘으로 무장한 인공지능 컴퓨터에게 바둑으로 완패한 것입니다.

시대가 바뀌어가고 있습니다. 이제 알고리즘을 이해하고 활용하는 능력을 갖춘 사람만이 시대의 흐름을 따라갈 수 있는 세상이 펼쳐지게 될 것입니다.

이 책은 현대적인 컴퓨터에서 사용되고 있는 대부분의 알고리즘을 일반인도 알기 쉽게 설명하고 있습니다. 앞으로 도래할 인공지능의 세계를 대비해서라도 한 번쯤 읽어보시길 감히 권해드립니다.

마지막으로 이 책이 번역되기까지 조리용어 관련 번역을 감수해 주신 수미가의 이정희 조리기능장님, 번역 기회를 마련해 주신 nol2soft의 김성원 대표님, 번역 작업에만 몰두할 수 있도록 사무실을 배려해 주신 어번 하이브리드의 지영현 매니저님과 이상욱 대표님께 감사의 말씀을 올립니다.

2016년 3월 서재원

그림으로 배우는 알고리즘 목차

들어가며 ··· 4
역자의 말 ·· 5
등장 캐릭터 소개 ··· 10

제 1 장 알고리즘이란 · 11

- 001 음식 요리법은 알고리즘이다 ··· 12
- 002 알고리즘은 선인들의 지혜 ·· 14
- 003 알고리즘을 이해하는 것은 게임을 잘 하게 되는 것 ················ 16
- 004 알고리즘에는 '정당성'과 '정지성'이 있어야 한다 ···················· 18
- 005 알고리즘에는 다양한 종류가 있다 ·· 20

COLUMN 알고리즘의 기초가 되는 구조적 프로그래밍의 개념   22

제 2 장 변수와 배열 · 23

- 006 데이터는 다양한 정보이다 ·· 24
- 007 모든 데이터에는 타입이 있다 ·· 26
- 008 값은 숫자와 문자의 구체적인 표현 ··· 28
- 009 변수는 값을 담는 상자이다 ·· 30
- 010 변수는 '변수명'이라는 이름으로 구별한다 ······························· 32
- 011 대입문에는 변수에 값을 대입하는 기능이 있다 ······················ 34
- 012 변수를 변수에 대입하면, 변수에 저장된 값이 다른 변수에 복사된다 ········· 36
- 013 변수에도 데이터 타입이 있다 ·· 38
- 014 동일한 데이터 타입이 연속되면 배열이다 ······························· 40
- 015 배열은 '배열명'이라는 이름으로 구별한다 ······························· 42
- 016 배열의 각 요소는 요소 번호라는 번호로 구분한다 ················· 44
- 017 배열은 관련된 값을 효율적으로 저장하기 위한 사물함이다 ··· 46
- 018 2차원 배열은 호텔의 객실 같은 것 ··· 48
- 019 배열의 각 요소는 2개의 첨자로 구별한다 ······························· 50
- 020 문자열은 문자 데이터 배열이다 ··· 52
- 021 문자열의 길이는 문자 길이 변수 혹은 '보초 값'이 관리한다 ···· 54

COLUMN 관용적으로 사용되는 변수명   56

제 3 장　자료구조　57

- *022*　대량 데이터를 효율적으로 관리하기 위한 메커니즘이 자료구조이다 ········· 58
- *023*　다양한 종류의 자료구조들 ·· 60
- *024*　책처럼 쌓이는 자료구조가 스택 ·· 62
- *025*　계산대앞에 줄을 서듯 대기하는 자료구조가 대기 행렬 (큐) ····················· 64
- *026*　끈으로 엮어서 데이터를 관리하는 것이 리스트······································ 66
- *027*　한쪽 방향에서 데이터를 찾아가는 단방향 리스트 ·································· 68
- *028*　양쪽 방향에서 데이터를 찾아가는 양방향 리스트 ·································· 70
- *029*　N번째 요소의 참조가 빠른 것은 배열, 느린 것은 리스트 구조················· 72
- *030*　데이터의 삽입 · 삭제가 빠른 것은 리스트 구조, 느린 것은 배열 ·············· 74
- *031*　마지막 요소까지 이동하면 1번째 요소로 되돌아 오는 링 버퍼·················· 76
- *032*　부모 하나에 자식 둘이 딸린 구조인 이진 트리 ······································ 78
- *033*　부모 노드의 값이 자식 노드의 값보다 항상 적은 이진 트리는 힙 ············· 80
- *034*　해시 테이블은 배열과 리스트를 조합한 자료구조 ·································· 82
- *035*　정점과 간선으로 항목들의 관계를 그림으로 표현한 것이 그래프 ·············· 84

COLUMN　BASE를 0으로? BASE를 1로?　86

제 4 장　기본적인 알고리즘　87

- *036*　1 ~ N의 합을 구하려면 반복 처리한다 ·· 88
- *037*　수열의 값을 유지하려면 배열을 사용한다 ··· 90
- *038*　배열 데이터의 합을 계산하려면 더한 값을 저장할 변수를 준비한다 ········· 92
- *039*　배열 안의 요소의 개수를 구하려면 카운터를 준비한다 ··························· 94
- *040*　배열 데이터의 평균 값은 반복 처리를 통해 합계와 개수를 구한 후 계산한다 ········· 96
- *041*　배열 데이터의 최대 값을 구하려면 최대 값을 저장할 변수를 준비한다 ····· 98
- *042*　배열 데이터의 최소 값을 구하려면 최소 값을 저장할 변수를 준비한다····· 100
- *043*　배열 데이터에 등수를 매기려면 순위를 저장할 또 다른 배열을 준비한다 ·········· 102
- *044*　시간의 크고 작음을 비교하려면 단위를 초 단위로 통일한다···················· 104
- *045*　시간차를 구할 때는 초 단위로 바꾸어 뺄셈하고, 다시 시간으로 바꾼다 ········· 106
- *046*　두 변수의 값을 교환할 때는 임시 변수를 사용한다 ······························· 108
- *047*　두 수의 최대공약수는 유클리드 호제법으로 구한다································ 110

COLUMN　코드와 데이터는 어디에 있을까?　112

제 5 장　정렬과 검색　　113

- 048　정렬(소트)이란 대상을 특정한 규칙에 따라 성렬하는 것 …………………… 114
- 049　정렬 알고리즘에는 다양한 종류가 있다 …………………………………… 116
- 050　다른 배열(양동이)에 데이터를 저장하고 정렬하는 '버킷 정렬' …………… 118
- 051　아래 자릿수부터 윗 자릿수까지 버킷 정렬을 반복하는 '기수 정렬' ……… 120
- 052　최소 값(최대 값)을 골라서 이미 정렬된 마지막 요소와 교환하는 '단순 선택 정렬' …… 122
- 053　이웃한 데이터들을 교환해 나가는 '단순 교환 정렬(버블 정렬)' ………… 124
- 054　정렬된 데이터를 비교해서 올바른 위치에 삽입하는 '단순 삽입 정렬' …… 126
- 055　데이터 열을 일정한 길이의 그룹으로 나누어 정렬하는 '셸 정렬' ………… 128
- 056　정렬된 여러 개의 데이터 열을 합체시키는 '병합(merge)' ………………… 130
- 057　병합(merge) 알고리즘을 이용하여 정렬하는 '병합 정렬' ………………… 132
- 058　기준 데이터와 크기를 비교해서 데이터를 2등분 하는 '퀵 정렬' ………… 134
- 059　힙 구조를 이용하여 정렬하는 '힙 정렬' ……………………………………… 136
- 060　검색이란 여러 개의 데이터 안에서 원하는 데이터를 찾아내는 것 ……… 138
- 061　처음부터 끝까지 샅샅이 데이터를 비교하는 '순차 검색(리니어 서치)' … 140
- 062　정렬된 데이터 안에서 고속 검색하는 '이진 검색(바이너리 서치)' ……… 142
- 063　주어진 문자열 안에서 원하는 문자열의 위치를 찾아내는 '문자열 검색' … 144
- 064　비교할 필요가 없는 문자열은 건너 뛰고 고속으로 검색하는 'KMP 알고리즘' ……… 146
- 065　문자열을 끝에서부터 검색하는 'BM 알고리즘' …………………………… 148

COLUMN　관계형 데이터베이스를 이용한 정렬과 검색　　150

제 6 장　그 외의 알고리즘들　　151

- 066　미분을 활용하여 고차 방정식의 해를 구하는 '뉴턴법' …………………… 152
- 067　연립 방정식의 해를 구하는 '가우스 소거법' ……………………………… 154
- 068　사다리꼴의 면적을 더하여 정적분의 값을 구하는 '사다리꼴 공식' …… 156

069	그래프에서의 최적 경로를 구하는 '데이크스트라 알고리즘'	158
070	자연수 n이 소수인지 아닌지를 걸러 내는 '에라토스테네스의 체'	160
071	재귀호출을 이용하여 N의 팩토리얼 구하기	162

COLUMN 알고리즘과 플로우 차트(순서도) 164

제7장 알고리즘의 계산량 165

072	알고리즘의 계산량에는 시간 계산량과 영역 계산량이 있다	166
073	시간 계산량은 '연산', '조건 비교', '대입' 등의 조작 횟수로 측정한다	168
074	알고리즘의 계산량은 'O(빅-오) 표기법'으로 표현한다	170

COLUMN 프로그래밍을 잘 하려면 172

참고 문헌 · · · · · · · · · · · 173
색인 · · · · · · · · · · · 174

등장 캐릭터 소개

 기본을 지키는 개구리 뿅타군

이 시리즈의 메인 캐릭터.
물건 만들기를 좋아하고, 주변 사물에 관심이 많다.
언젠가는 자기 힘으로 획기적인 제품을 만들고자 한다.

 가이드

우리들의 이름은 러그와 리그

지금 인기를 얻고있는 시골 쥐 형제들보단 못하지만, 우리들도 새로운 것이나 수수께끼를 정말 좋아해!
마야 문명의 유적을 탐험하러 왔지만, 뿅타군과 하는 오델로 게임에서는 계속 지고 있어.
역시 기본이 중요하다는 교훈을 얻었어!

알고리즘이란

다양한 알고리즘을 이해하고 있으면,
컴퓨터에서 동작하는 프로그램을 우아하게 작성할 수 있습니다.
효율적이고 정확하게 문제를 해결하는 프로그램을 작성하기 위해,
알고리즘이란 무엇인지 학습해 보겠습니다.

001 음식 요리법은 알고리즘이다

　알고리즘(Algorithm)은 컴퓨터를 이용하여 주어진 **과제**를 해결하기 위한 처리 절차입니다. 여기에서 말하는 과제란 예를 들면,

　　❶ 최대공약수를 구한다.
　　❷ 정보의 순서를 정해 나열한다.
　　❸ 원하는 정보를 검색한다.

등 여러 가지가 있습니다. 현대사회에서는 이러한 정보를 관리할 때 컴퓨터를 사용합니다. 그 때의 처리 절차를 알고리즘이라고 부릅니다.

　알고리즘은 **문제 해결을 위한 처리 절차**라고 할 수 있습니다. 그렇게 생각해 보면, 컴퓨터의 데이터 처리뿐만 아니라 현실 세계의 다양한 과제의 해결에 있어서도 알고리즘의 개념이 사용되고 있음을 알게 됩니다. 대표적인 것이 음식 요리법입니다.

　음식 요리법은 여러 가지 맛있는 음식을 만든다는 '과제'를 해결하기 위한 방법을 순서대로 기록한 것입니다. 예를 들면,

　　• 치킨 카레 만들기
　　• 고기 감자조림 만들기

등의 과제를 해결하기 위해 필요한 요리 재료의 종류와 양을 보여주고 있고, 시간별로 요리 절차가 정확하게 적혀 있습니다. 이 절차를 따라가면 누구나 원하는 치킨 카레와 고기 감자조림을 만들 수 있게 됩니다. 치킨 카레 요리법을 따라 만들면, 반드시 치킨 카레를 만들 수 있습니다. 즉, 주어진 과제(치킨 카레 만들기)를 해결할 수 있는 음식 요리법은 '문제 해결을 위한 처리 절차'로 알고리즘이라고 할 수 있습니다.

- 알고리즘은 '문제 해결을 위한 처리 절차'이다.
- 음식 요리법도 알고리즘이다.

제1장　알고리즘이란

그림 1　알고리즘이란

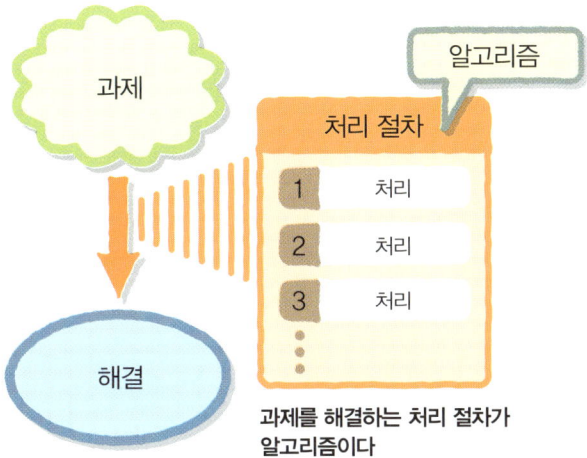

과제를 해결하는 처리 절차가 알고리즘이다

그림 2　음식 요리법

음식 요리법도 일종의 알고리즘이다

002 알고리즘은 선인들의 지혜

　음식 요리법도 알고리즘이라고 할 수 있지만, 요리법의 순서대로 요리를 만들더라도 반드시 맛있을 것이라는 보장은 없습니다. 요리법의 순서에 따라 정확하게 요리하더라도 맛없는 요리가 만들어질 수도 있습니다. 그렇다면 그 요리법은 '나쁜 요리법'으로 낙인찍히게 됩니다. 그럼 요리법을 찾는 사람이 점점 없어지게 될 것이고, 자연스럽게 사라질 것입니다.

　하지만 누구나 좋아하는 요리를 만들 수 있는 요리법은 많은 사람들이 이용하게 되고 '좋은 요리법'으로 인정받게 됩니다. 또한, 좋은 요리법은 이용하는 사람의 노력이 더해져서 더욱 맛있는 요리를 만들 수 있는 요리법으로 거듭나게 됩니다. 이처럼 음식 요리법은 더 맛있는 요리를 만들기 위한 '선인의 지혜'가 쌓인 결과라고 할 수 있습니다.

　컴퓨터 알고리즘도 마찬가지입니다. 컴퓨터가 이 세상에 등장한 이후, 주어진 '과제'를 컴퓨터로 해결하기 위한 다양한 처리 절차가 다수 고안되어 왔습니다. 또한, 많은 연구자들이 보다 일반적인 처리 절차는 없는지, 보다 빠르게 처리할 수는 없는지, 보다 데이터 양을 낮출 수 있는 절차는 없는지 등을 고려하여 지금까지 등장한 알고리즘들을 개량해 왔습니다. 그 결과 개량된 알고리즘들이 좋은 알고리즘으로 남게 되었고, 현재 다수의 컴퓨터 프로그램에서 사용하고 있습니다. 이처럼 알고리즘도 보다 훌륭한 프로그램을 작성하기 위한 '선인의 지혜'가 쌓인 결과입니다.

　또한 좋은 알고리즘은 프로그램을 작성할 때 본보기가 됩니다. 따라서 알고리즘 학습은 우수한 프로그램을 작성하기 위한 이정표인 것입니다.

- 알고리즘은 선인들의 지혜가 담긴 프로그램의 본보기이다.
- 알고리즘을 학습하면 질 좋은 프로그램을 만들 수 있다.

제1장 　 알고리즘이란

그림 1 　 음식 요리법 개선

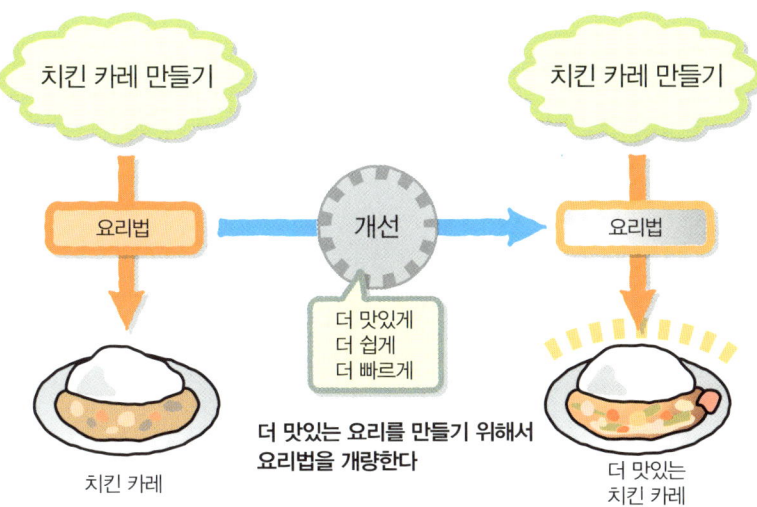

그림 2 　 알고리즘의 개선

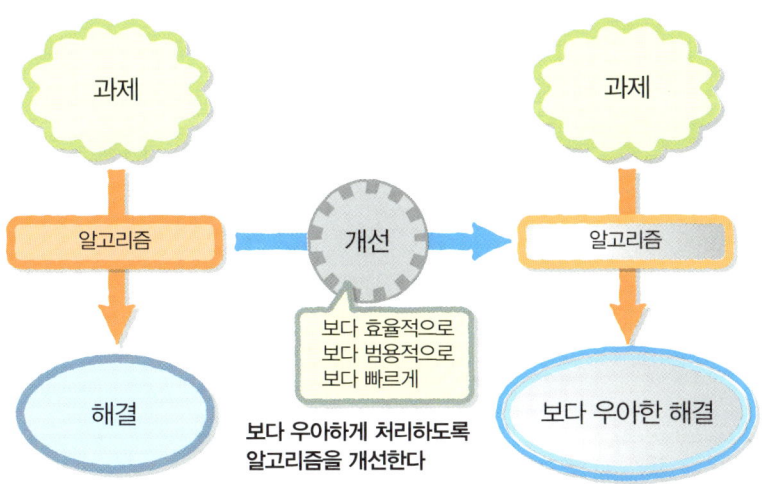

003 알고리즘을 이해하는 것은 게임을 잘 하게 되는 것

　알고리즘의 학습은 프로그래머의 프로그래밍 능력 향상과 직접 연결됩니다. 좋은 알고리즘은 프로그램 작성의 좋은 본보기이며, 그것에 컴퓨터 프로그램 작성의 정수가 포함되어 있기 때문입니다. 이는 게임을 플레이할 때의 '정석'과 같은 것입니다. 게임은 좋은 전략을 선택한 쪽이 승부에서 승리합니다.

　예를 들어, '화면 위에서 다가오는 적 캐릭터를 탱크로 격추하는 게임'같은 초기 비디오 게임에서는 '○○공략법' 혹은 '○○팁' 같은 공략법이 널리 알려져 있었고, 그 방법을 따라 하면 고생하지 않고 매번 같은 방식으로 쉽게 적을 물리칠 수 있었습니다. 이는 그 게임을 공략하기 위한 '정석'이라고 할 수 있을 것입니다.

　'정석'은 바둑 용어로 '공격과 수비 상황에서 최선의 수'라는 뜻입니다. 장기와 체스에서도 '정석'이라고 부르며, 영어로는 Theory가 됩니다. 바둑에서 대국을 할 때, 정석을 이해하고 있으면 승부처에서 '최선의 수를 찾기 위해 몇 수 앞을 내다보는' 고생을 하지 않고도 최선의 '수'를 둘 수 있습니다. 정석은 선인들의 지혜가 응축된 것이므로, 정석을 많이 알고 있으면 승부에서 보다 유리해집니다. 정석을 배운 사람과 정석을 모르는 사람의 대국에서 누가 승리할지는 분명합니다.

　컴퓨터 알고리즘도 이와 같다고 말할 수 있습니다. 알고리즘을 배운 사람이 만드는 프로그램과 알고리즘을 모르는 사람이 만드는 프로그램은 수준의 차이가 확실합니다. 제대로 작동하면서도 효율적인 프로그램을 작성하려면 필수적으로 알고리즘을 학습해야 합니다.

- 알고리즘의 학습은 게임의 공략법 같은 것이다.
- 알고리즘은 더 나은 프로그램을 만들기 위한 '정석'이다.

그림 1 　비디오 게임 공략

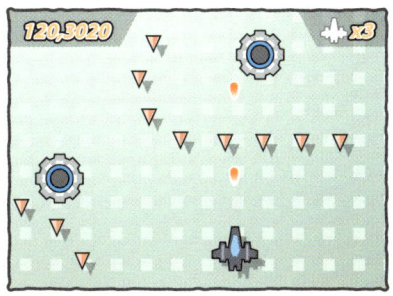

그림 2 　바둑의 대국

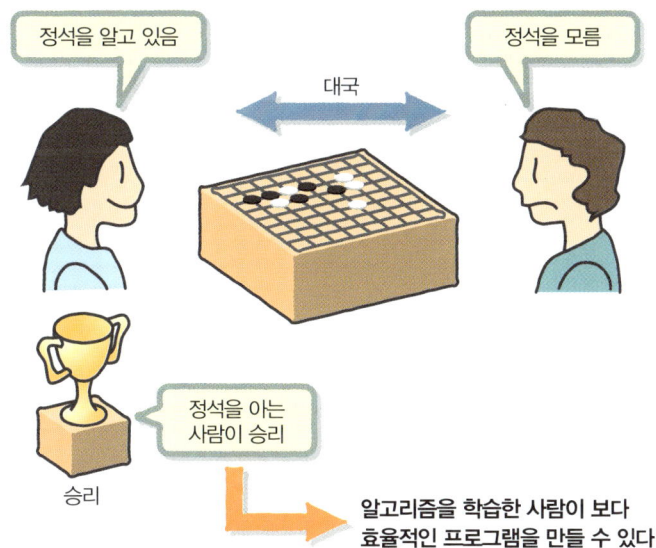

알고리즘에는 '정당성'과 '정지성'이 있어야 한다

알고리즘은 '문제 해결을 위한 처리 절차'입니다. 그러기 위해서 알고리즘은 다음의 2가지 중요한 조건을 충족해야 합니다.

❶ 정당성

알고리즘은 주어진 과제에 대해 올바른 결과를 반환해야 합니다. 이를 **알고리즘의 정당성**이라고 합니다. 알고리즘의 정당성이란 '입력값이 지정된 조건과 일치한다면 알고리즘은 반드시 정상적인 동작(올바른 출력값의 반환)을 보장해야 한다'고 정의할 수 있습니다. 이는 매우 어려운 과제입니다. 올바르게 작동하고 있는 것처럼 보이는 알고리즘도, 특별한 입력 조건에는 잘못된 답을 내놓을 수 있기 때문입니다.

알고리즘의 정당성을 증명하는 방법 중 하나로 **단정문(Assertion)**이 있습니다. 단정문이란, 알고리즘의 실행 순서 중 임의의 위치에 서서 충족해야 하는 조건이 성립하는지의 여부(올바르게 동작하는지의 여부)를 체크하는 것입니다. 이처럼 단정문은 연속된 문제 해결 절차에서의 단계별 정당성을 체크하여 전체적인 알고리즘의 정당성을 증명해 나가는 방법입니다.

❷ 정지성

알고리즘은 언젠가 반드시 정지해야만 합니다. 즉, 영원히 처리를 반복하여 답을 돌려주지 않는 처리(이것을 **무한 루프**라고 부름)는 알고리즘이 아니라는 것입니다. '알고리즘의 정지성'이란 '어떠한 조건의 입력값이 주어지더라도 정해진 시간 내에 반드시 정상적인 종료를 보장하는 것'으로 정의할 수 있습니다. 알고리즘의 정지성을 증명하는 방법에는, 반복 처리의 종료 조건 체크에 사용되는 변수를 관찰하여 정해진 횟수만큼 반복하면 반드시 정지하는 것을 증명하는 방법이 있습니다.

- 알고리즘에는 '정당성'과 '정지성'이 있어야 한다.
- 단정문은 알고리즘의 '정당성'을 증명하는 방법 중의 하나이다.

제1장　알고리즘이란

그림 1　알고리즘을 지탱하는 2개의 기둥

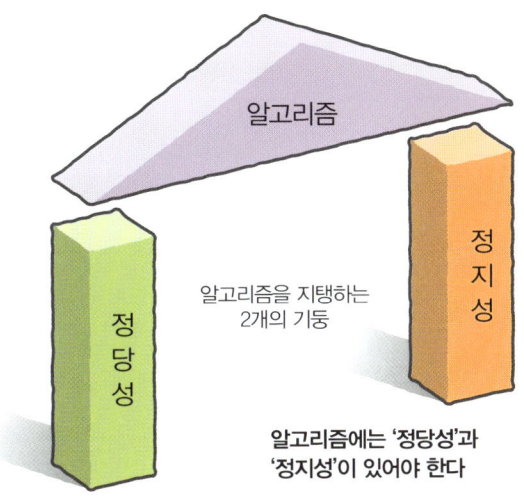

알고리즘에는 '정당성'과 '정지성'이 있어야 한다

그림 2　정당성과 정지성

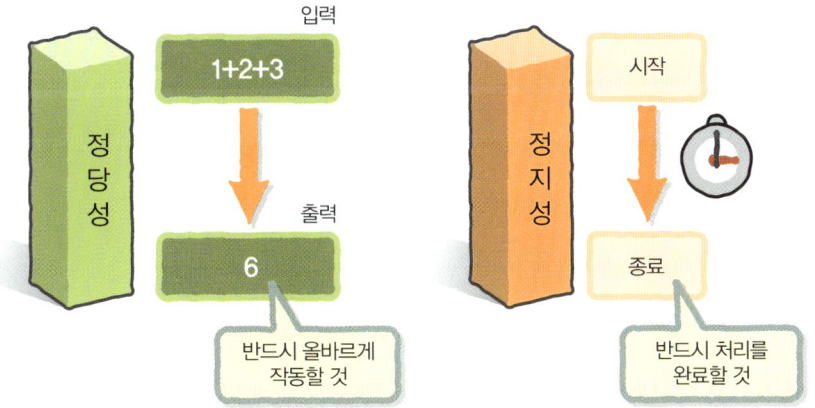

알고리즘은 정해진 시간 내에 정확한 결과를 얻어야만 한다

005 알고리즘에는 다양한 종류가 있다

컴퓨터 프로그래밍을 할 때 알아두면 편리한 알고리즘은 다양한 종류가 있습니다. 그중에서도 특히 중요한 것은 다음과 같습니다.

❶ 기술 계산

기술 계산을 위한 알고리즘입니다.

  유클리드 호제법(최대공약수)   가우스 소거법(방정식)
  사다리꼴의 법칙(정적분)   데이크스트라 알고리즘(최적 경로)
  에라토스테네스의 체(소수)

❷ 정렬(Sort)

1줄로 늘어선 데이터를 작은 순서(오름차순) 또는 큰 순서(내림차순)로 정렬하는 알고리즘입니다.

  단순 선택 정렬   단순 교환 정렬(버블 정렬)
  단순 삽입 정렬   셸 정렬
  병합 정렬   퀵 정렬

❸ 검색(Serch)

많은 양의 데이터 중에서 원하는 데이터를 찾아내기 위한 알고리즘입니다.

  선형 검색(리니어 서치)   이진 검색(바이너리 서치)

❹ 문자열 패턴 매칭

문자열 중에서 지정한 문자열의 패턴(부분 문자열)과 일치하는 부분을 찾아내기 위한 알고리즘입니다.

  단순 문자열 일치   KMP 알고리즘
  BM 알고리즘

- 주요 알고리즘에는 기술 계산, 정렬, 검색, 문자열 패턴 매칭이 있다.

제1장 알고리즘이란

> **그림 1** 중요한 알고리즘의 종류

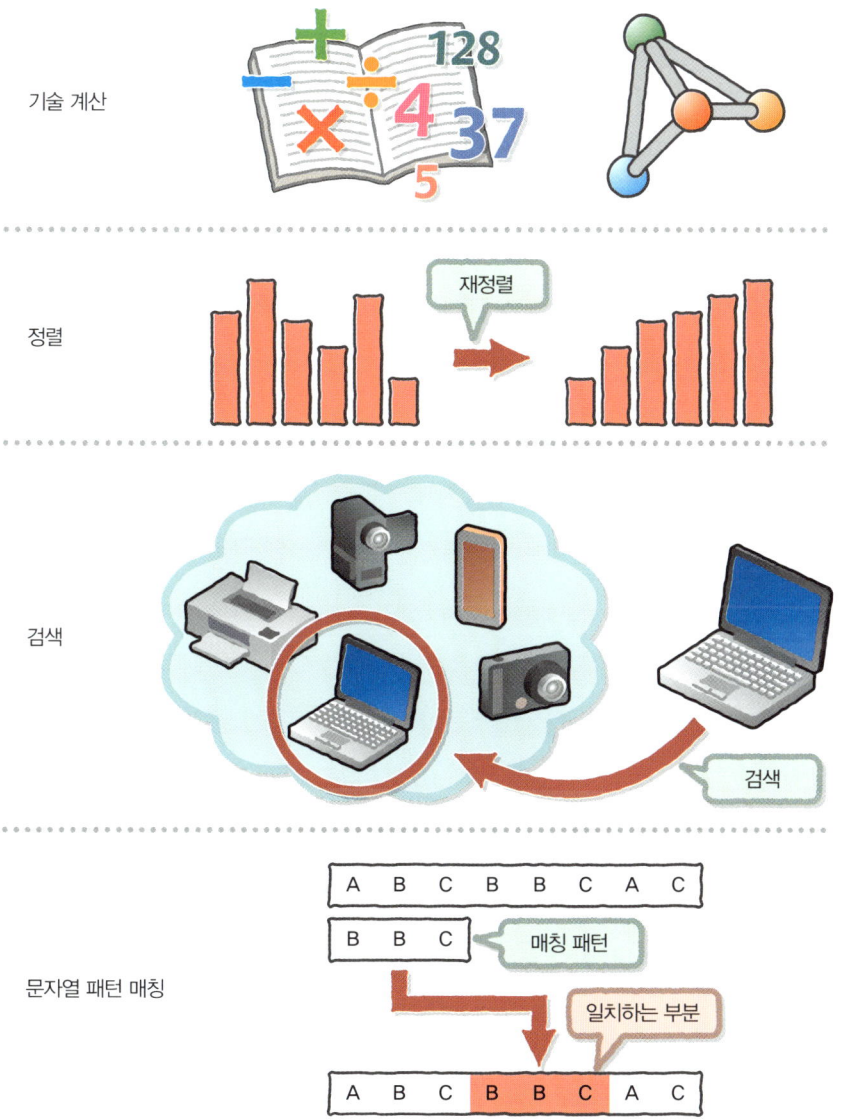

기술 계산, 정렬, 검색, 문자열 패턴 매칭은
알고리즘의 정수를 품은 중요한 알고리즘이다

COLUMN

알고리즘의 기초가 되는 구조적 프로그래밍의 개념

컴퓨터 프로그래밍에서 프로그램을 효율적으로 작성하고, 설계상의 오류를 최소화하기 위한 방법론으로 **구조적 프로그래밍**이라는 개념이 있습니다.

구조적 프로그래밍에서 모든 프로세스의 흐름은 다음 3가지 구조를 조합해서 설명할 수 있어야 합니다.

- ⓐ 순차 구조 ········ 작성된 순서대로 순차 실행한다.
- ⓑ 선택 구조 ········ 조건에 따라 수행할 작업의 흐름을 바꾼다.
- ⓒ 반복 구조 ········ 조건이 일치하는 동안 일정 과정을 반복해서 실행한다.

처리의 흐름을 설명하는 알고리즘 역시 이 3가지 구조의 조합으로 설명합니다.

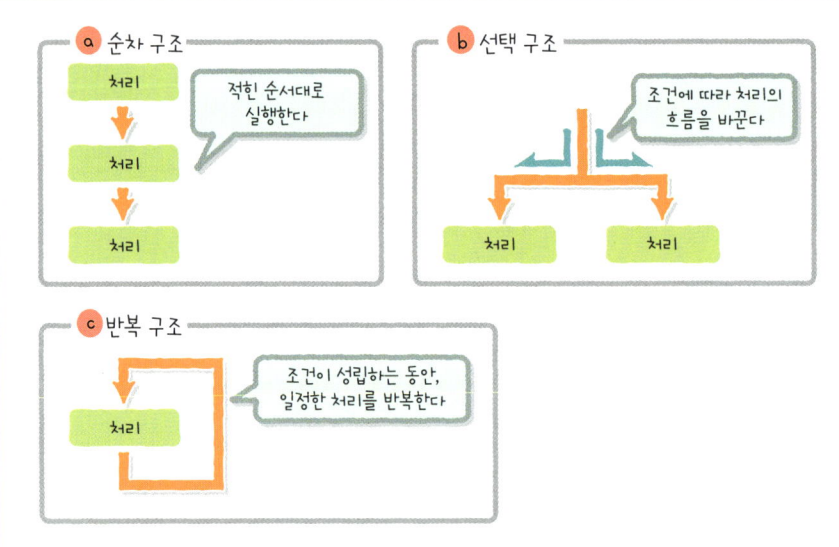

변수와 배열

알고리즘은 '문제'를 해결하고 '결과'를 얻기 위한 처리입니다.
알고리즘이 문제를 처리할 때, 그 문제는 데이터의 형태로 입력되고,
결과물 역시 데이터의 형태로 출력됩니다.
따라서 알고리즘의 처리 과정에는 다양한 임시 데이터가 필요합니다.
이 장에서는 알고리즘의 표현에 필요한 데이터를 유지하고
관리하기 위한 수단인 '변수'와 '배열'을 학습합니다.

데이터는 다양한 정보이다

'데이터'란 도대체 어떤 것일까요? 결론부터 말하자면, 데이터란 다양한 정보를 표현한 것입니다. 요리법에 비유한다면 다음의 모든 내용이 요리법이라는 알고리즘을 표현하기 위한 데이터가 됩니다.

요리의 재료와 조미료의 양
- 돼지고기 120g
- 양파 1/2개
- 당근 1/2개
- 감자 2개
- 설탕 1큰술
- 맛술 2큰술
- 간장 2.5큰술

컴퓨터 프로그래밍의 알고리즘에서도 문제 해결을 위한 프로세스를 설명하기 위해 다양한 데이터를 이용합니다. 예를 들어 ❶, ❷ 알고리즘을 표현하는 경우에 필요한 주요 데이터는 다음과 같습니다.

❶ 최대공약수를 구하는 알고리즘
- 최대공약수를 구하는 2개의 정수 값
- 구한 최대공약수(정수 값)

❷ 정보의 순서를 정렬하는 알고리즘
- 정렬할 값이 담긴 열
- 정렬 값의 개수
- 정렬된 결과가 담긴 열

이처럼 알고리즘을 고안할 때는 다양한 정보가 필요합니다. 이러한 정보는 모두 데이터이며, 문제 해결을 위한 프로세스를 보조하는 역할을 담당합니다. 즉, 모든 알고리즘은 '처리'와 '데이터'를 조합하여 표현한다고 말할 수 있습니다.

- '데이터'란 다양한 정보를 표현한 것이다.
- 알고리즘은 '처리'와 '데이터'의 조합으로 표현한다.

그림 1 데이터란?

요리 재료, 조미료 및 그 양이 '데이터'이다

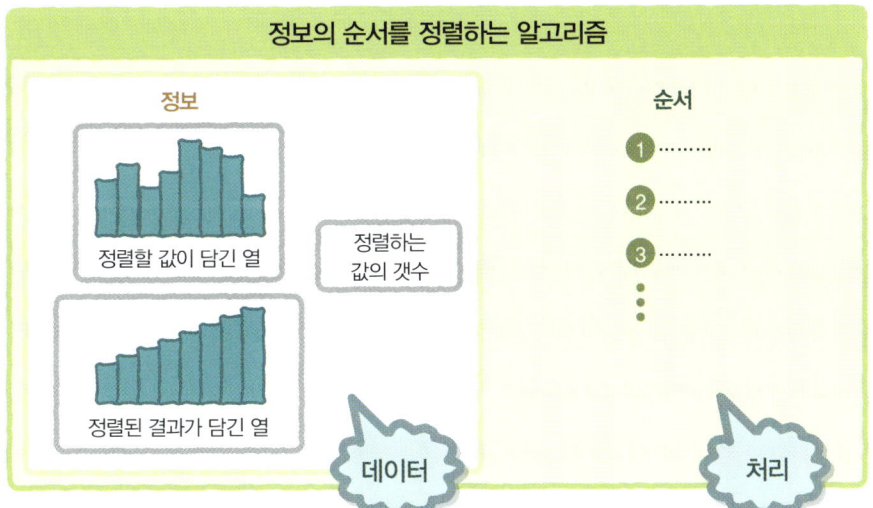

알고리즘은 '처리'와 '데이터'의 조합으로 표현된다

모든 데이터에는 타입이 있다

데이터란 다양한 정보를 표현한 것입니다. 여기에서 '다양한'이라는 형용사에 주목하시기 바랍니다. 데이터로 취급하는 정보는 다양합니다. 그 데이터는 종류에 따라 그룹화할 수 있습니다. 음식 요리법을 예로 들자면 다음과 같이 데이터를 그룹화할 수 있습니다.

- 재료　　 (돼지고기, 쇠고기, 양파, 양배추 등)
- 조미료　 (간장, 마요네즈, 후추, 설탕 등)
- 분량　　 (100g, 200cc, 1작은술 등)
- 시간　　 (시, 분, 초)
- 불의 세기 (센불, 중불, 약불)

컴퓨터 프로그래밍 알고리즘에서 다루는 데이터 또한, 다양한 그룹으로 나누어서 다룹니다. 이러한 데이터 분류를 **데이터 타입**이라고 합니다.

많이 사용되는 기본 데이터 타입에는 다음과 같은 것이 있습니다.

❶ **정수 타입** : 정수(소수점이 없는 값)를 처리하기 위한 데이터 타입
　　예 0, 1, 100, 9999, -123

❷ **실수 타입** : 실수(소수점을 포함한 값)를 처리하기 위한 데이터 타입
　　예 1.23, 3.141592, -99.9

❸ **문자 타입** : 문자를 처리하기 위한 데이터 타입
　　예 A, B, z, 가, 나

❹ **문자열 타입** : 문자열을 처리하기 위한 데이터 타입
　　예 ABC, KOREA, 알고리즘

❺ **논리 타입** : '참', '거짓'을 다루기 위한 데이터 타입
　　예 true, false

- 다루는 정보를 유형별로 그룹화한 것을 '데이터 타입'이라고 한다.
- 주요 데이터 타입은 '정수 타입', '실수 타입', '문자 타입', '문자열 타입', '논리 타입'

제2장 　변수와 배열

그림 1　유형별로 그룹화한 요리법의 정보

데이터의 그룹화

정보의 유형별로 그룹화할 수 있다

그림 2　알고리즘에서 가장 많이 사용하는 데이터 타입

다루는 데이터를 종류에 따라 분류한 것이 데이터 타입이다

008 값은 숫자와 문자의 구체적인 표현

데이터란 다양한 정보를 표현한 것입니다. 그 데이터를 구체적으로 표현한 것이 '값'입니다. 요리법에 비유하자면

- 돼지고기
- 간장
- 후추

등은 요리에 사용하는 재료와 조미료이므로, 이는 '사물'을 표현한 '값'이라고 할 수 있습니다. 또한

- 100g
- 180℃
- 1작은술
- 200cc
- 5분
- 센불

등은 분량과 시간, 온도 등의 '수'를 표현한 '값'이라고 할 수 있습니다.

이러한 구체적인 데이터를 표현한 것을 값이라고 부릅니다.

알고리즘에서 '값'을 표현할 때에는 숫자나 기호로 표기합니다.

예를 들어, 정수 값과 실수 값을 알고리즘으로 옮길 때는 초등학교 수학 시간에 배웠던 숫자 표기법을 활용합니다.

- 0
- 1234
- −1
- 1.23
- 0.00001
- −99.9

문자 값은 작은 따옴표(' '), 문자열 값은 큰 따옴표 (" ")로 묶어서 표현하는 것이 일반적입니다.

- 'A'
- "KOREA"
- "알고리즘"

문자 값과 문자열 값만 기호로 묶어서 표현하는 이유는, 숫자 10과 문자열 10을 둘 다 표현해야 할 때 구별하기 위해서입니다.

- 10 ………… 숫자 값 10
- "10"………… 문자열 값 10

- 데이터를 구체적으로 표현한 것이 '값'이다.
- 문자 값은 (' '), 문자열 값은 (" ") 기호로 묶는다.

제2장 변수와 배열

그림 1 구체적인 '사물'과 '수'를 표현하는 '값'

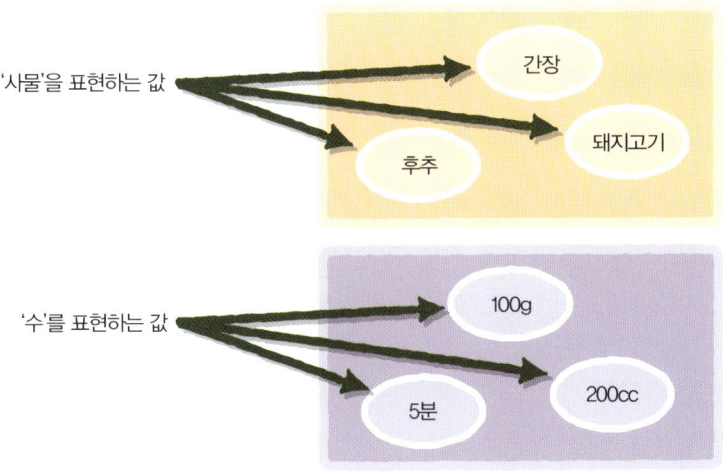

'사물'을 표현하는 값과
'수'를 표현하는 값이 있다

그림 2 알고리즘에서의 숫자, 문자 및 문자열의 표현 방법

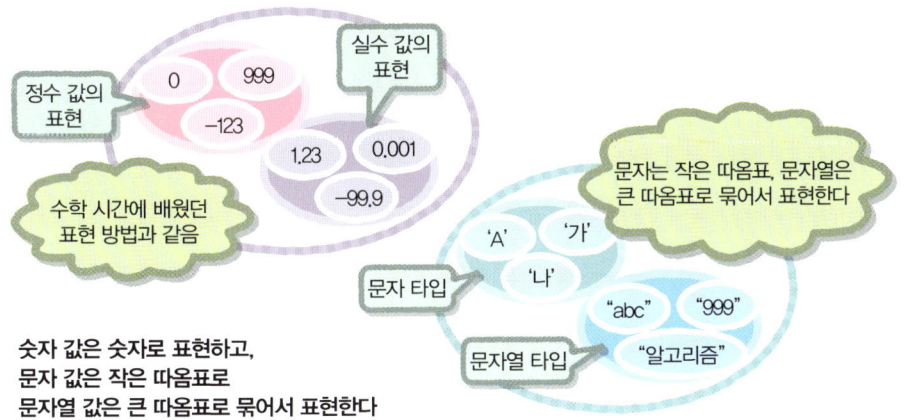

숫자 값은 숫자로 표현하고,
문자 값은 작은 따옴표로
문자열 값은 큰 따옴표로 묶어서 표현한다

009 변수는 값을 담는 상자이다

알고리즘에서 데이터를 조작할 때에는 조작한 데이터를 저장할 공간이 필요합니다. 그것이 바로 **변수**입니다.

예를 들어 사무실에서는 필요한 서류를 상자에 넣어 관리합니다. 'ㅇㅇ씨 앞'이라고 적힌 상자에 ㅇㅇ씨에게 건넬 메모를 보관하거나, '××회사 앞'이라고 적힌 상자에 ××회사 앞으로 보낼 전표를 보관합니다. 이런 경우 상자에 넣는 편지와 문서가 '데이터'입니다. 그리고 그 데이터를 보관하는 상자가 '변수'입니다. 즉 '변수'는 다양한 데이터를 저장하는 상자 역할을 하는 것입니다.

알고리즘에서는 다양한 데이터를 입력값으로 지정합니다. 예를 들어, 최대공약수를 구하는 알고리즘에서는 2개의 정수 값을 입력값으로 넘겨야 합니다. 이런 경우에는 입력값을 '변수'에 담아 전달합니다. 또한 계산 결과인 최대공약수도 출력값으로 반환해야 합니다. 이때 결과값 역시 '변수'에 담아서 반환합니다.

또한 알고리즘은 처리 과정에서 다양한 데이터(값)를 다루게 되며, 계산 후에는 그 결과를 저장하고 있어야 합니다. 그 데이터(값)를 보관하기 위해 '변수'라는 상자를 사용합니다.

이 비유에서 주의해야 할 점이 있습니다. 사무 처리에 사용하는 상자에는 다양한 서류와 전표를 넣을 수 있지만, 변수에는 반드시 하나의 데이터만 담을 수 있다는 점입니다. 즉, 데이터가 들어있던 변수에 다른 데이터를 넣으면, 그 변수에 원래 들어있던 데이터가 지워집니다. 참고로, '변수'는 어떠한 데이터도 저장할 수 없도록 설정할 수도 있습니다. 마지막으로, 변수에 데이터(값)를 넣는 작업은 '대입한다'고 합니다.

- 변수란 데이터(값)를 넣어 두는 상자이다.
- 변수에 데이터(값)를 넣는 작업을 '대입한다'고 한다.

제2장 　변수와 배열

그림 1　변수는 데이터(값)를 담는 상자

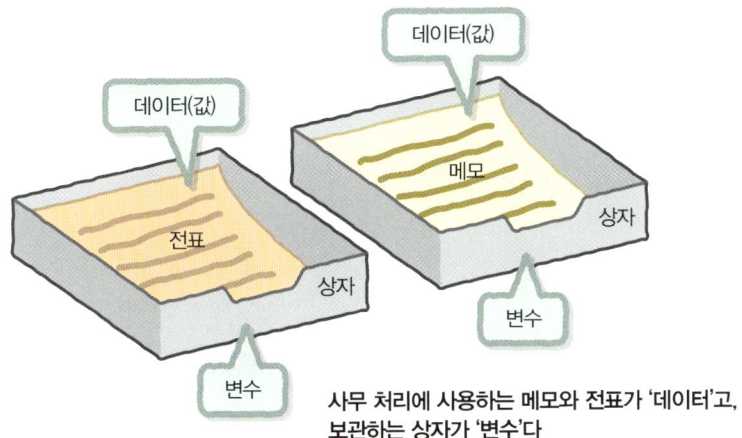

사무 처리에 사용하는 메모와 전표가 '데이터'고,
보관하는 상자가 '변수'다

그림 2　변수에 데이터(값) 대입하기

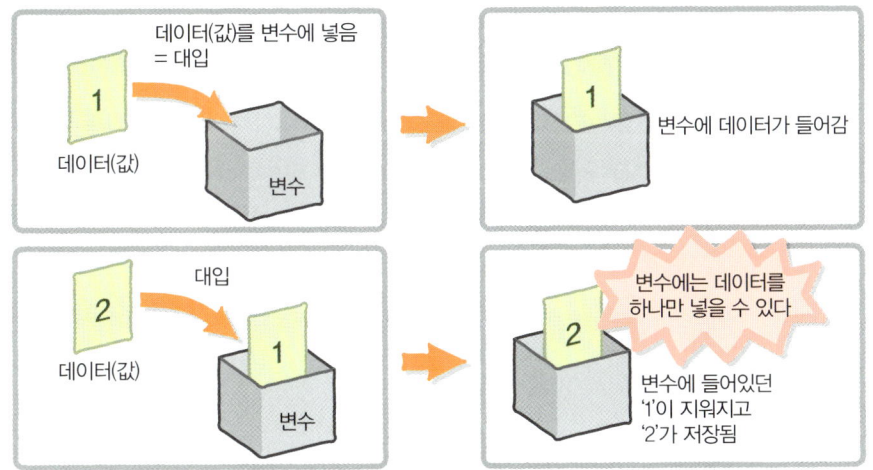

데이터(값)를 변수에 넣는 작업을 '대입'이라고 부른다
또한 새로운 데이터(값)를 대입하면 변수에 저장되어 있던 데이터는 지워진다

변수는 '변수명'이라는 이름으로 구별한다

변수는 '데이터(값)를 저장하는 상자'입니다. 사물을 담는 상자는 어떤 물건이 안에 들어 있는지 알 수 있도록 하거나, 다른 상자와 구별할 수 있게 해야 합니다. 예를 들어 사무실의 서류 정리용 박스에는 'ㅇㅇ씨 앞', '××회사 앞'이라고 적힌 스티커를 붙여 구별할 수 있게 하거나, 옷을 보관하는 상자에는 '아버지 겨울옷', '어머니 겨울옷', '아이 여름옷' 등을 유성 펜으로 적어서 그 상자의 내용물을 알림과 동시에 다른 상자와 구별할 수 있게 합니다.

알고리즘에서 변수는 많이 사용됩니다. 따라서 변수의 용도가 무엇인지를 표시하고, 다른 변수들과 구별하기 위한 수단이 필요합니다. 그것이 **변수명**입니다. 변수명은 데이터(값)를 저장하는 상자에 붙이는 이름입니다.

변수명을 사용하면 '그 상자' = '그 변수'임을 확인할 수 있습니다. 따라서 변수명을 붙일 때는 다음과 같은 원칙을 지켜야 합니다.

변수명을 붙일 때의 철칙

❶ 변수명은 고유해야 한다.
❷ 숫자만 사용한 이름, 숫자로 시작하는 이름은 사용할 수 없다.

❶은 2개 이상의 변수에 동일한 이름을 붙일 수 없다는 뜻입니다. 변수명을 사용해서 원하는 변수를 반드시 구별할 수 있어야 하기 때문입니다.

❷는 숫자 데이터(값)와 구별하기 위해서 입니다. 예를 들어 '0'이라는 변수명과, '1.23' 이라는 변수명은 사용할 수 없습니다.

- 변수에는 반드시 '변수명'을 붙여야 한다.
- 변수명은 반드시 고유해야한다.

제2장 변수와 배열

그림 1 상자를 구별하기 위해 필요한 이름 = 변수명

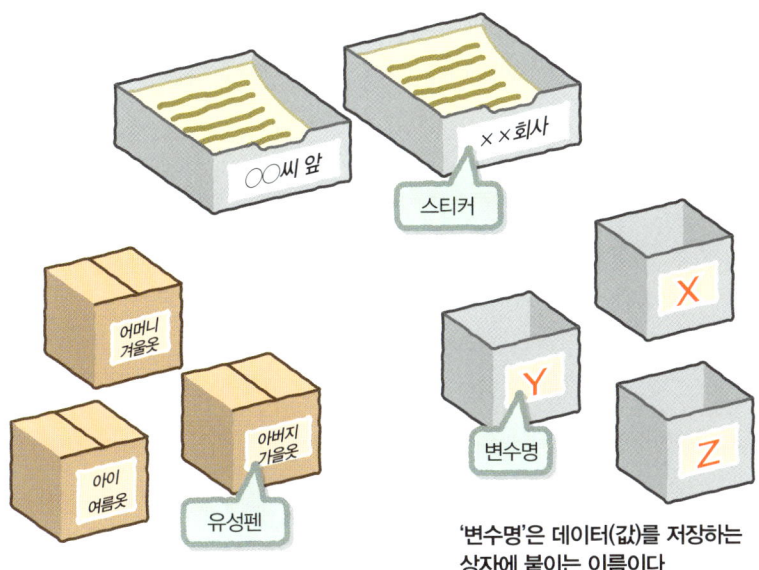

'변수명'은 데이터(값)를 저장하는 상자에 붙이는 이름이다

그림 2 변수명의 철칙

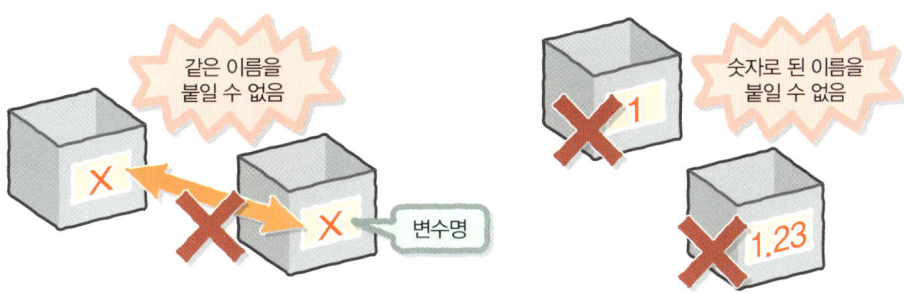

변수명은 중복될 수 없다 그리고 숫자로 된 변수명 또는 숫자로 시작하는 변수명은 사용할 수 없다

011 대입문에는 변수에 값을 대입하는 기능이 있다

알고리즘에서는 변수를 이용하여 다양한 데이터를 유지하고 관리합니다. 알고리즘에서 변수는 변수명으로 구별합니다. 변수에 값을 대입할 때에는 다음과 같이 '←(화살표 기호)' 또는 '=(등호)'를 가운데에 놓고 왼쪽에 변수 이름을, 오른쪽에 대입하는 값을 적는 것이 일반적입니다.

- 변수명 ← 값
- 변수명 = 값

예를 들어,

  A ← 10

  A = 10

라고 적으면, 변수 A에 10이라는 정수 값을 대입하라는 뜻이 됩니다. 문자열의 경우에도

  STR ← "ABC"

  STR = "ABC"

라고 적으면, 변수 STR에 "ABC"라는 문자열을 대입하라는 뜻이 됩니다. 이처럼 변수에 값을 대입하는 구문을 **대입문**이라고 합니다.

대입문 오른쪽에 연산자(+, −, ×, ÷)를 사용하여 계산식을 작성할 수도 있습니다. 예를 들어 다음과 같이 적으면 10에 5를 더한 값 15가 변수 X에 대입된다는 뜻이 됩니다.

  X ← 10+5

  X = 10+5

- 변수에 값을 대입할 때에는, 오른쪽에 변수 이름을 지정한 대입문을 적는다.
- 대입문 오른쪽에 계산식을 적을 수 있다.

제2장 　변수와 배열

그림 1　대입문으로 변수에 값 저장하기

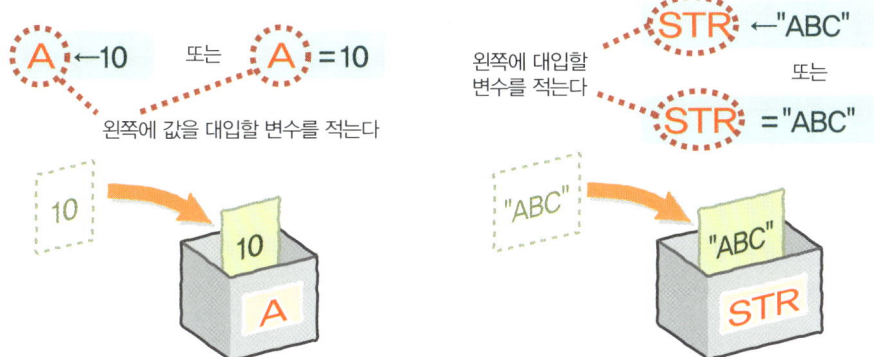

A ←10　또는　A =10

왼쪽에 값을 대입할 변수를 적는다

STR ←"ABC"
또는
STR ="ABC"

왼쪽에 대입할 변수를 적는다

왼쪽에 변수명을 사용하면 그 변수에 값을 대입하라는 뜻이 된다

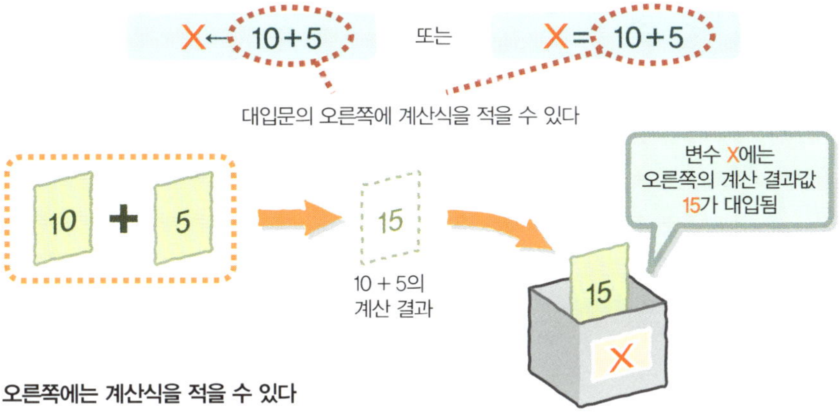

X← 10+5　또는　X= 10+5

대입문의 오른쪽에 계산식을 적을 수 있다

10 + 5 → 15

10 + 5의 계산 결과

변수 X에는 오른쪽의 계산 결과값 15가 대입됨

오른쪽에는 계산식을 적을 수 있다

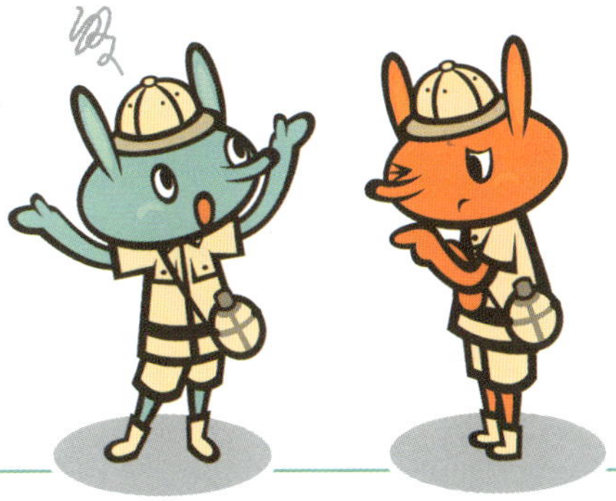

012 변수를 변수에 대입하면, 변수에 저장된 값이 다른 변수에 복사된다

변수에 값을 넣는 대입문의 오른쪽에는 변수명을 적을 수 있습니다.
- 변수명 ← 변수명
- 변수명 = 변수명

예를 들어, 다음과 같이 적으면 변수 X에 변수 A에 저장된 값이 들어가게 됩니다.

X ← A

X = A

여기에서 주의해야 할 점은 변수 X에 변수 A를 대입한다고 해서, 변수 X라는 '상자'에 변수 A라는 '상자' 그 자체를 저장시키는 것은 아니라는 점입니다. 변수 X에 변수 A를 대입하는 작업은

❶ 변수 A에 저장된 값을 복사함

❷ 복사한 값을 변수 X에 저장함

이라는 작업과 동일합니다. 예를 들어 변수 A에 저장된 값이 10일 경우, 위의 대입문을 통과한 변수 X에는 값 10이 저장됩니다. 변수 X에 저장되는 값은 복사된 값입니다. 따라서 대입 후에도 변수 A에 10이라는 값이 남는다는 점을 유의해야 합니다.

또한 대입문 오른쪽에는 변수를 포함한 계산식을 작성할 수 있습니다. 예를 들어, 다음과 같이 작성하면 변수 A에 저장된 값에 5를 더한 값이 변수 Y에 대입됩니다.

Y ← A + 5

Y = A + 5

- 대입문 오른쪽의 변수는 왼쪽의 변수에 저장하는 값이 된다.
- 대입문 오른쪽에는 변수를 포함한 계산식을 작성할 수 있다.

그림 1   오른쪽에 변수를 사용한 대입문

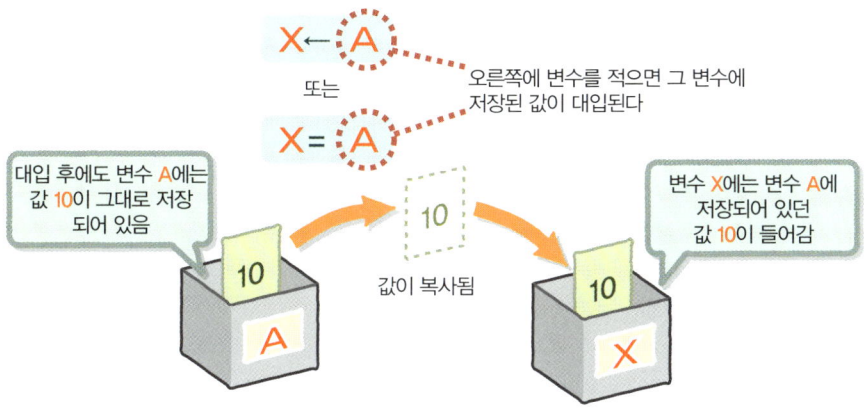

오른쪽의 변수 값은 왼쪽의 변수에 복사된다

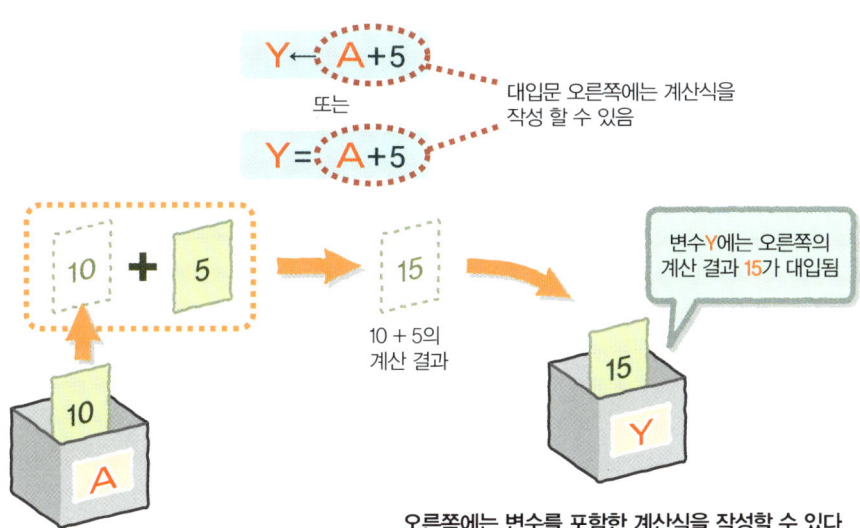

오른쪽에는 변수를 포함한 계산식을 작성할 수 있다

013 변수에도 데이터 타입이 있다

다양한 정보를 표현하는 '데이터(값)'에 데이터 타입(정수 타입, 실수 타입, 문자 타입, 문자열 타입, 논리 타입 등)이 있듯이 변수에도 데이터 타입이 있습니다.

변수를 정의할 때에는 변수 이름과 '어떤 데이터 타입의 값을 담을 수 있는지'를 함께 표기합니다. 즉, 변수에는 어떠한 데이터라도 막 대입할 수 있는 것이 아닙니다. 변수라는 상자가 만들어질 때, 들어가는 데이터의 타입도 함께 정해진다는 점에 유의하시기 바랍니다.

유아용 장난감 중에는 주사위 모양의 상자에 별, 동그라미, 삼각형, 사각형, 오각형 구멍이 뚫려있고, 그 구멍 안에 똑같은 모양의 조각을 넣는 것이 있습니다. 변수 역시 그 장난감 상자의 이미지를 떠올리면 이해하기 쉬울 것입니다. 변수라는 '상자'는 데이터가 들어갈 수 있는 구멍이 있고, 그 구멍에 맞지 않는 데이터는 들어갈 수 없는 것입니다.

변수라는 '상자'를 만들 때 정할 수 있는 데이터 타입은 다음과 같습니다.

❶ **정수 타입** : 정수 타입 데이터만 저장 가능
❷ **실수 타입** : 실수 타입 데이터만 저장 가능
❸ **문자 타입** : 문자 타입 데이터만 저장 가능
❹ **문자열 타입** : 문자열 타입 데이터만 저장 가능
❺ **논리 타입** : 논리 타입 데이터만 저장 가능

실제 컴퓨터 프로그래밍에서도 원칙적으로 변수의 데이터 타입이 다르면 값을 대입할 수 없습니다.

- 변수에도 데이터 타입이 있다.
- 변수의 데이터 타입이 맞지 않으면 변수에 대입 할 수 없다.

제2장 변수와 배열

그림 1 변수의 데이터 타입

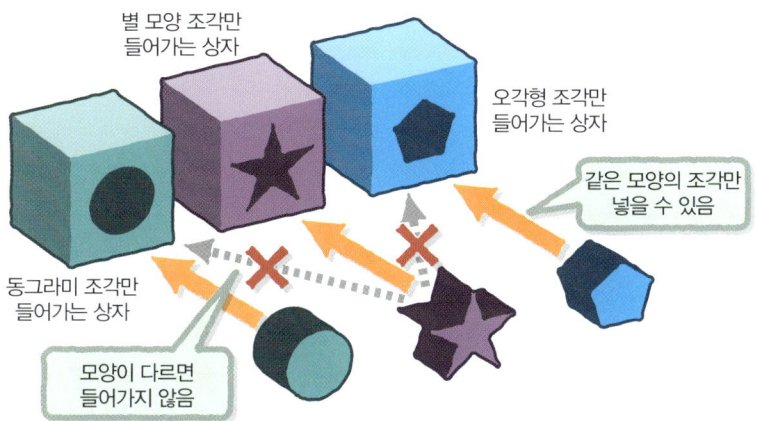

그림 2 변수에 대입

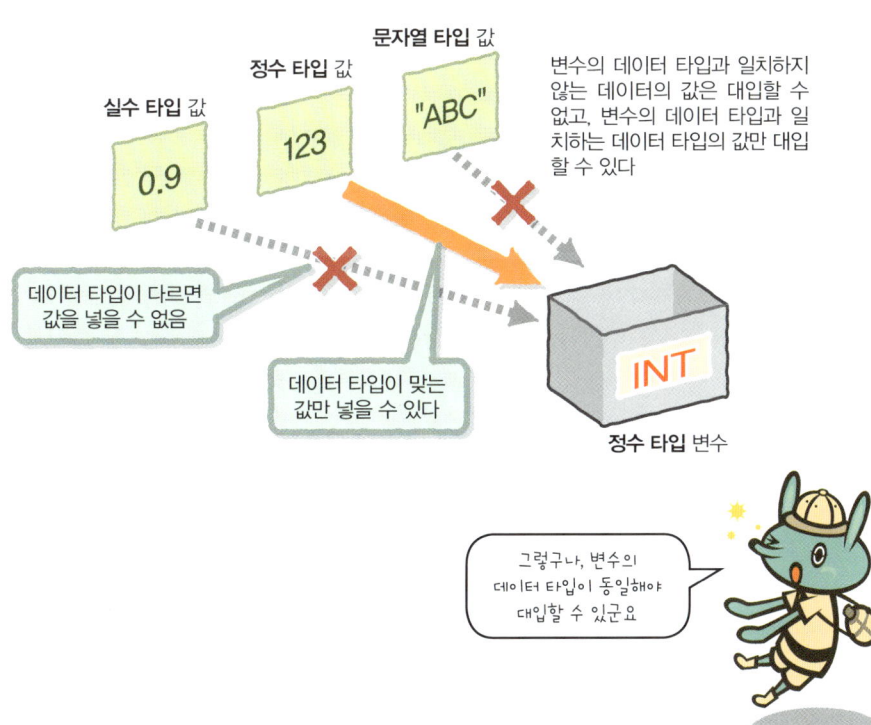

014 동일한 데이터 타입이 연속되면 배열이다

알고리즘에서 많은 양의 데이터를 저장하고 유지하기 위하여 사용하는 것이 **배열**입니다. 예를 들어, 다음과 같은 데이터를 처리할 때는 배열을 이용합니다.

- 전교생의 시험 결과(점수)
- 1년간의 일일 입장객 수
- 상품의 월별 매출액
- 모든 회원 가입자의 이름

'전교생의 시험 결과'를 관리하려면 그 시험을 치른 학생 수 만큼의 데이터를 유지해야 합니다. 또한 '1년간의 일일 입장객 수'를 관리하려면 365일분의 데이터를 유지해야 하고, '제품의 월별 매출액'을 관리하려면 12개월분 데이터를, '모든 회원 가입자의 이름'을 관리하려면 등록되어있는 회원 수만큼의 데이터를 유지해야 합니다.

많은 양의 데이터를 다루는 '배열'에는 다음과 같은 원칙이 있습니다. 그것은

원칙: 배열에 담을 각각의 데이터들은 반드시 같은 종류여야만 한다

는 것입니다. 즉, '전교생의 시험 결과'와 '이름'은 같은 배열에 담을 수 없습니다. '전교생의 시험 결과'와 '체중' 또한 같은 배열에 담을 수 없습니다. 하나의 배열에 담을 값들은 같은 의미를 가진 값이어야 합니다.

배열은 많은 변수를 일직선 상에 늘어 놓은 것입니다. 즉, 변수라는 '상자'를 일직선 상에 빈틈없이 늘어 놓은 것이 배열입니다. 그러한 점에서 배열은 크기가 같은 서랍들이 들어찬 옷장과도 같습니다. 배열은 데이터 타입이 동일한 변수를 늘어 놓은 것이기 때문에, 배열 자체에도 데이터 타입이 있습니다. 이 데이터 타입은 배열을 만들 때 지정합니다.

- 많은 양의 데이터를 저장하고 유지하기 위하여 사용하는 것이 '배열'이다.
- 배열로 관리하는 데이터는 같은 종류의 값이어야 한다.

제2장 변수와 배열

그림 1 많은 양의 데이터를 관리하는 배열

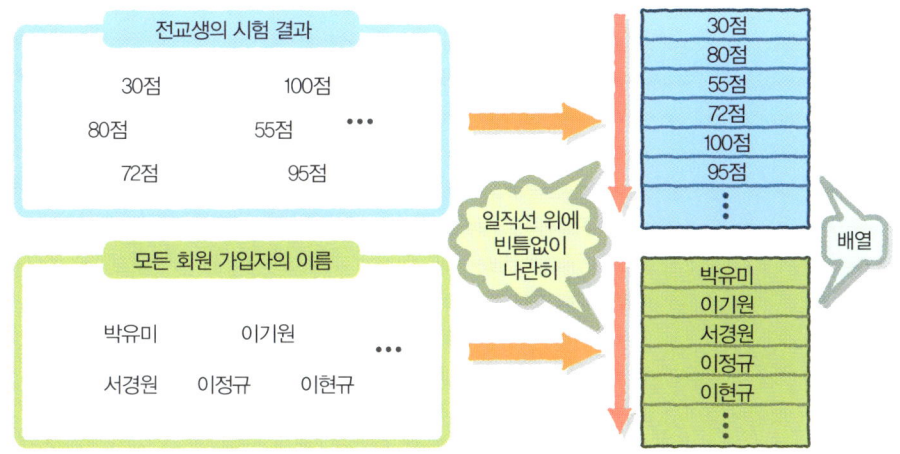

많은 양의 데이터를 저장하고 유지하기 위하여 사용하는 것이 '배열'이다

그림 2 배열은 변수를 일직선 위에 나란히 놓은 것

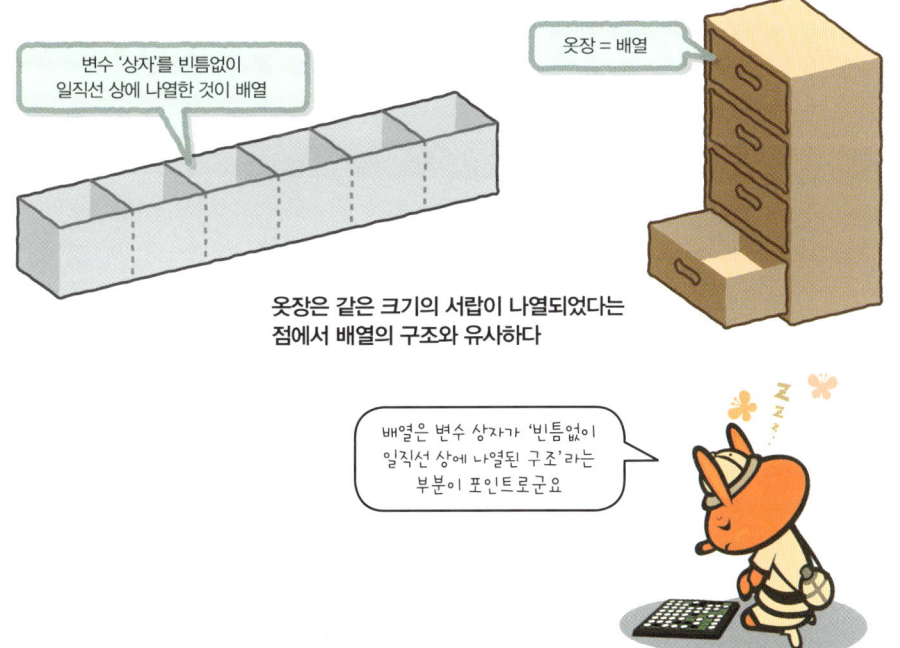

015 배열은 '배열명'이라는 이름으로 구별한다

배열이란 '같은 종류의 데이터(값)를 대량으로 저장하는 여러 개의 상자들을 1줄로 나열한 것'입니다. 배열 역시 변수와 마찬가지로 다른 변수 및 배열과 구분되고 원하는 배열을 선택할 수 있도록 고유의 이름을 붙입니다. 그것이 **배열명**입니다.

배열명은 아래의 철칙만 준수한다면 어떠한 이름이라도 상관 없지만, 일반적으로는 그 배열이 관리하는 데이터의 내용을 대표하는 이름을 붙입니다.

배열명의 철칙

❶ 배열명은 고유해야 한다.
❷ 숫자 이름과 숫자로 시작하는 이름은 배열명으로 사용할 수 없다.

예를 들어 아래와 같은 데이터들을 관리하는 배열명은 다음과 같이 작성할 수 있을 것입니다.

- 전교생의 시험 결과(점수) ………… JUMSU
- 1년간의 일일 입장객 수 …………… PERSONS
- 당해 연도 상품의 월별 매출액 …… MAECHOOL
- 회원 가입자 모두의 이름 ………… MEMBER_NAME

물론 알고리즘만 작성한다면 변수명과 배열명에는 한글을 사용해도 됩니다. 예시에 등장한 전교생의 시험 결과(점수)를 다루는 배열명을 '점수', 1년간의 일일 입장객 수를 다루는 배열명을 '입장자 수' 등으로 작성하기도 합니다. 그러나 실제 프로그래밍 언어를 사용하여 알고리즘을 구현할 경우에는 한글로 변수명과 배열명을 붙일 수 없으니 주의하시기 바랍니다.

- 배열에는 반드시 '배열명'이라는 이름을 붙여주어야 한다.
- 배열명은 반드시 고유해야 한다.

제2장 　변수와 배열

그림 1 배열의 고유한 이름 = 배열명

전교생의 시험 결과
JUMSU
30점
80점
55점
72점
100점
95점
⋮

배열명

모든 회원 가입자의 이름
MEMBER_NAME
이기원
서경원
이정규
이현규
박유미
⋮

'배열명'은 대량의 데이터(값)를 담는
'여러 개의 상자'에 붙이는 이름이다

그림 2 배열명의 철칙

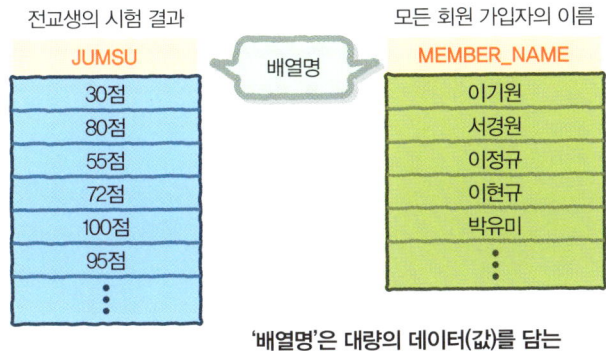

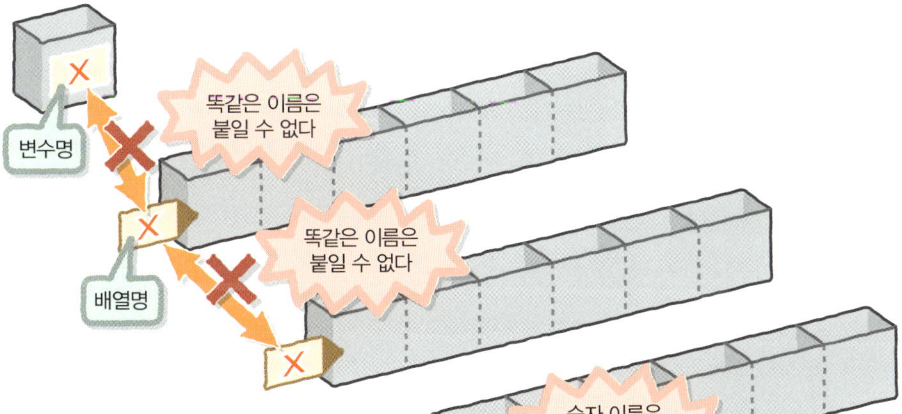

변수명
배열명

똑같은 이름은 붙일 수 없다
똑같은 이름은 붙일 수 없다
숫자 이름은 붙일 수 없다
100

배열명은 다른 변수명 및
배열명과 중복될 수 없다
또한 숫자 이름과 숫자로 시작하는
이름은 배열명으로 사용할 수 없다

배열명은 배열 속
데이터의 내용을 대표하는
이름을 붙여주면 돼요!

043

016 배열의 각 요소는 요소 번호라는 번호로 구분한다

마치 일직선 위에 빈틈없이 나열된 상자와 비슷한 구조를 하고 있는 배열은, 대량의 데이터를 한곳에 모아서 관리하기 위해 사용합니다. 이러한 배열에서 상자 하나하나를 **배열 요소**라고 부릅니다. 그리고 배열에 존재하는 상자의 개수는 **배열 요소 수**라고 부릅니다.

1번째 배열 요소부터 마지막 배열 요소까지 일련번호를 붙여서 어떤 배열 요소에 데이터를 넣을지 선택하거나, 어떤 배열 요소의 데이터를 참조할지를 지정합니다. 그렇게 연속된 번호를 **요소 번호**라고 부릅니다.

요소 번호를 사용해서 알고리즘을 작성할 때는 배열의 1번째 요소의 번호가 '0'부터 시작하는 경우와 '1'부터 시작하는 경우가 있다는 점에 반드시 주의해야 합니다.

전자를 'BASE 0', 후자를 'BASE 1'이라고 합니다. 현재는 BASE 0을 전제로 알고리즘을 작성하는 것이 일반적입니다. 배열 요소 수가 N인 배열이 BASE 0일 경우와 BASE 1일 경우의 배열 요소 수는 다음과 같습니다.

❶ BASE 0

    1번째 요소 번호 0 마지막 요소 번호 N – 1

❷ BASE 1

    1번째 요소 번호 1 마지막 요소 번호 N

배열의 특정 요소에 접근할 때, 배열명과 요소 번호를 조합해서 가리키는 것이 일반적입니다. 이 조합은 다음 중 하나의 방법으로 작성할 수 있습니다.

    배열명[요소 번호]

    배열명(요소 번호)

어떠한 방법을 사용해도 요소 번호로 지정된 배열 요소를 가리킬 수 있습니다. 위의 방법으로 작성하는 요소 번호를 배열의 **첨자**라고 부릅니다.

- 배열을 구성하는 '상자'의 개수를 배열 요소라고 부른다.
- 배열 요소는 요소 번호(1번째 요소부터 붙이는 숫자)로 관리한다.

제2장 변수와 배열

그림 1   배열 요소와 배열 요소 수

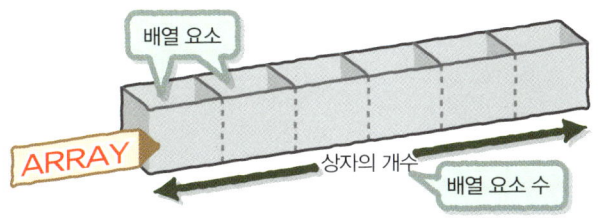

배열을 구성하는 '상자'를 배열 요소라고 하며, '상자'의 갯수를 배열 요소 수라고 한다

그림 2   배열 요소 번호 (BASE 0 및 BASE 1)

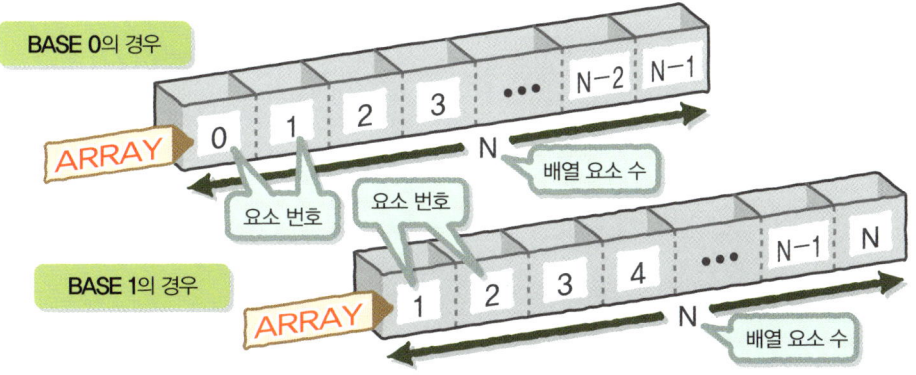

배열의 1번째 요소부터 붙인 연속된 번호가 요소 번호
1번째 요소의 번호가 0부터 시작하는 경우와 1부터 시작하는 경우가 있다

그림 3   배열 요소의 지정 방법

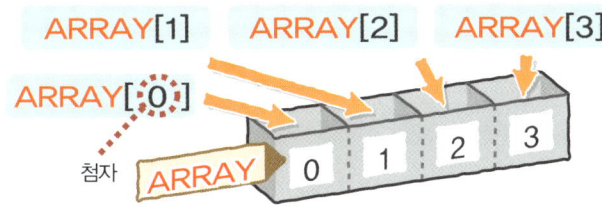

배열명[요소 번호], 또는 배열명(요소 번호)에 따라 배열 요소를 지정한다 이때 요소 번호 부분을 '첨자'라고 부른다

017 배열은 관련된 값을 효율적으로 저장하기 위한 사물함이다

배열은 관련된 대량의 값을 효율적으로 저장하는 사물함과 같습니다. 예를 들어, 정희, 명희, 도희의 키를 저장해야 한다면 다음과 같이 3개의 변수를 사용해서 저장할 수 있습니다.

HEIGHT_JUNG ·················· 정희의 키를 저장하는 변수
HEIGHT_MYUNG ············· 명희의 키를 저장하는 변수
HEIGHT_DO ····················· 도희의 키를 저장하는 변수

그러나 ○○초등학교 ○학년 ×반의 어린이 40명의 키를 저장해야 할 경우, 변수를 40개 마련하는 것은 미련한 일입니다. 만약 전교생의 키를 저장해야 한다면, 전교생의 수 만큼 변수를 마련해야 할지도 모를 일입니다.

만약 '키', '체중', '이름'과 같이 하나로 묶을 수 있는 데이터를 저장해야 하는데 그 양이 많다면, 변수 대신에 배열을 이용하는 편이 관리하기 쉽습니다.

HEIGHT ·························· 전교생의 키를 저장하는 배열
WEIGHT ························· 전교생의 체중을 저장하는 배열
NAME ···························· 전교생의 이름을 저장하는 배열

배열로 관련된 값들을 관리하면 데이터의 양이 증가하더라도 배열 요소 수를 늘려서 대응할 수 있습니다. 만약 전교생이 600명에서 610명으로 증가하더라도, 배열 요소 수를 600에서 610로 변경하기만 하면 됩니다. 또는 처음부터 배열 요소 수를 1,000개 정도로 여유를 두고 만들면 대상 데이터 수의 증감에 따라 배열의 요소 수를 변경할 필요조차 없어집니다.

즉, 배열이란 많은 양의 데이터를 저장하기 위해 마련한 사물함과 같습니다. 사물함이 사물함 번호로 '어느 사물함인가'를 식별할 수 있는 것과 마찬가지로, 배열 또한 요소 번호로 '어느 배열 요소 인가'를 확인할 수 있습니다.

- 배열은 관련된 많은 양의 데이터를 저장할 수 있는 사물함 같은 것이다.
- 요소 번호로 원하는 배열 요소를 찾을 수 있다.

제2장 변수와 배열

그림 1 　변수와 배열의 구분

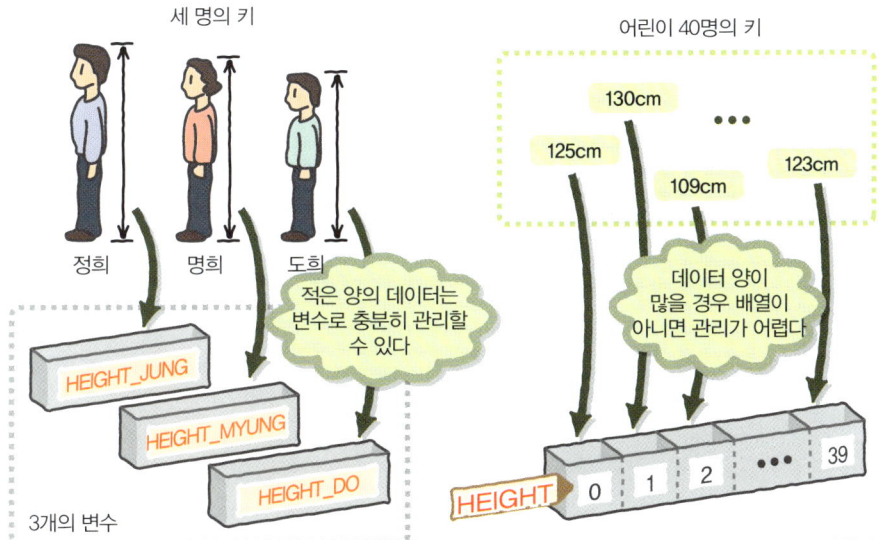

그림 2 　배열의 이미지

018 2차원 배열은 호텔의 객실 같은 것

배열에는 연관성이 있는 많은 양의 데이터를 저장할 수 있습니다. 그 중에서 일직선 상에 나열한 사물함의 모습을 한 배열을 **1차원 배열**이라고 합니다. 배열 요소를 요소 번호 하나로 가리킬 수 있기 때문입니다.

반면에, 변수를 가로세로 빈틈없이 직사각형 모양으로 나열한 배열도 존재합니다. 그것은 **2차원 배열**이라고 부릅니다. 또한 변수를 가로, 세로, 높이 빈틈없이 직육면체 모양으로 나열한 배열도 존재합니다. 그것을 **3차원 배열**이라고 부릅니다. 이와 같은 2차원 배열, 3차원 배열 … 들을 모두 합하여 **다차원 배열**이라고 부릅니다.

다차원 배열 중 하나인 2차원 배열은 많은 양의 데이터를 행과 열로 관리해야 편리한 경우에 사용합니다. 예를 들어,

- 오델로 게임판 위, 돌들의 상태 관리
- 세로축에 연도, 가로축에 월을 표시한 상품 판매량 리스트 등의 표현

에 사용됩니다. 2차원 배열은 PC용 표 계산 프로그램의 시트를 떠올려 보면 이해하기 쉬울 것입니다.

원룸 객실의 수가 모두 같은, N층의 호텔 방은 2차원 배열에 비유할 수 있습니다. 예를 들어, 5층인 호텔의 한 층에 있는 원룸 객실의 수는 8개 입니다. 그렇다면 열이 8개이고 행이 5개인 변수 집단에서 이루어지는 2차원 배열로 파악할 수 있습니다. 여기에서 중요한 점은 각 층의 원룸 객실 수가 같아야 한다는 점입니다. 각 층의 객실 수가 다르다면 2차원 배열이라고 할 수 없습니다. 2차원 배열은 반드시 '상자'가 직사각형 모양으로 빈틈없이 정렬된 형태여야 합니다.

- 2차원 배열은 직사각형 안에 변수가 빼곡히 정렬된 형태이다.
- 2차원 배열, 3차원 배열과 같은 배열을 다차원 배열이라고 부른다.

제2장 변수와 배열

그림 1   2차원 배열로 관리하는 데이터

'오델로 게임의 진행상황', '세로축에 연도, 가로축에 월이 표시된 상품 판매량 리스트' 등을 표현할 때 2차원 배열을 이용한다

상품 판매량 리스트

	1월	2월	3월	4월	5월	6월	7월	8월	9월	10월	11월	12월
2012년	235	195	303	320	...	...	...	...	...	...	...	...
2013년	280	172	...	...	...	...	...	...	...	...	...	...
2014년	160	...	...	...	...	...	...	...	...	...	...	...
2015년	305	...	...	...	...	...	...	...	...	...	...	...
2016년												

그림 2   2차원 배열의 조건

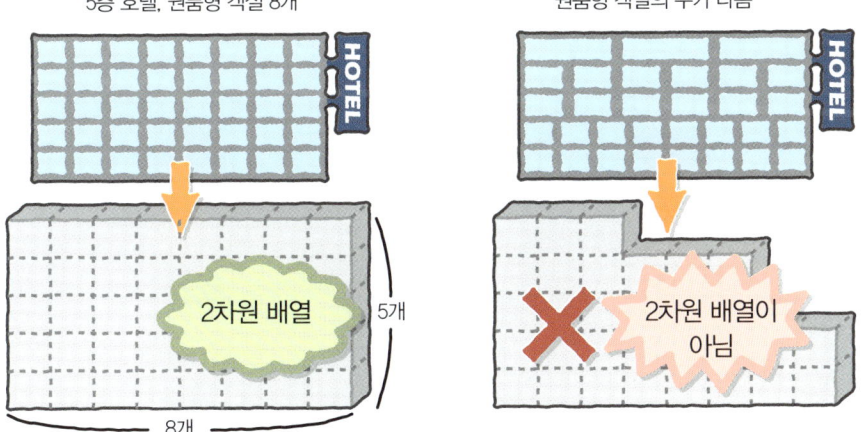

변수라는 '상자'가 직사각형 모양으로 빼곡히 정렬된 형태를 띠는 배열을 2차원 배열이라고 부른다

019 배열의 각 요소는 2개의 첨자로 구별한다

2차원 배열의 예로 등장했던 표 계산 프로그램의 시트는

- 1부터 시작하는 '행 번호'와 A부터 시작하는 '열 문자'

를 사용하여 원하는 셀을 가리킵니다. 호텔의 1층 객실을 101, 102, 103, … 2층 객실을 201, 202, … 5층 객실을 501, 502, …으로 부르듯

- 1부터 시작하는 '층수'+1부터 시작하는 '일련번호'

를 사용하여 원하는 방을 찾습니다.

이처럼 2차원 데이터는 '행'과 '열'을 숫자나 기호로 지정한 교차점을 활용하여 요소를 구별합니다.

2차원 배열에서는 '행'과 '열'에 대해 각각 '0'(또는 '1')로 시작하는 요소 번호를 붙여서 그 교차점에 있는 배열 요소를 가리킵니다. 2차원 배열의 특정 요소에 접근할 때에는 배열 이름과 요소 번호를 조합하여 다음과 같이 작성하는 것이 일반적입니다.

　　　배열명 [행 요소 번호] [열 요소 번호]

　　　배열명 (행 요소 번호) (열 요소 번호)

혹은 다음과 같이 쉼표 기호(,)로 구분해서 표기하기도 합니다.

　　　배열명 [행 요소 번호, 열 요소 번호]

　　　배열명 (행 요소 번호, 열 요소 번호)

행의 요소 번호가 2, 열 요소 번호가 6인 2차원 배열 ARRAY의 요소를 가리킬 때는

　　　ARRAY[2][6] ARRAY(2)(6)

　　　ARRAY[2,6] ARRAY(2,6)

과 같이 첨자 2개를 사용하여 표기합니다.

- 요소 번호로 지정된 '행'과 '열'의 교차점이 배열 요소를 가리킨다.

제2장 변수와 배열

그림 1 — 2차원 배열의 요소 번호

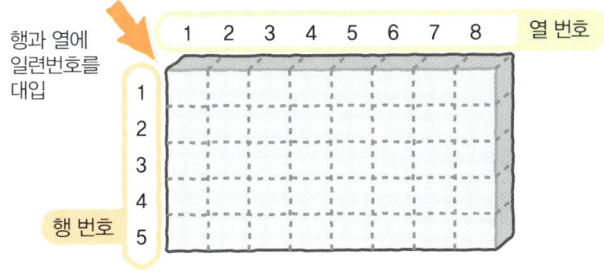

호텔의 방을 '호수'로 구분하는 것과 마찬가지로, 2차원 배열 역시 '열'과 '행'의 일련번호로 배열 요소를 가리킨다

그림 2 — 2차원 배열의 조건

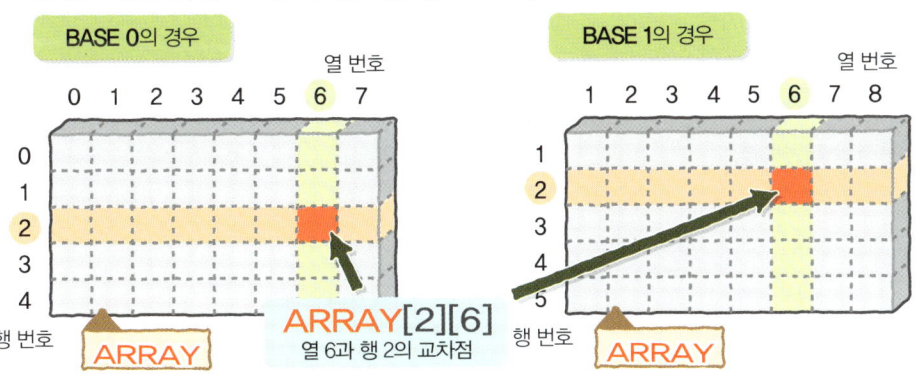

행의 요소 번호가 가리키는 '행'과 열 요소 번호가 가리키는 '열'의 교차점이 원하는 배열 요소의 위치

020 문자열은 문자 데이터 배열이다

알고리즘에서 문자와 문자열 처리는 다소 특수한 케이스입니다. 왜냐하면 컴퓨터에서 문자와 문자열을 처리하는 독특한 방식에 의존하고 있기 때문입니다.

컴퓨터에서 취급하는 데이터를 파고들어 보면 2진수만 남게 되며, 그것을 구성하는 요소는 0과 1, 2개의 숫자에 불과합니다. 그 0과 1 숫자의 조합을 사용하여 현실 세계의 정수 값이나 실제값과 같은 수치를 컴퓨터에 표현합니다. 문자 역시 컴퓨터 내부적으로는 숫자(문자 코드)로 표현합니다.

예를 들어, 가장 일반적으로 사용되는 문자 코드 시스템에는 문자 'A'는 65, 문자 'B'는 66, 문자 'C'는 67, 문자 '0'은 48, 문자 '1'은 49, 문자 '+'는 43, 문자 '−'는 45로 표현하기로 약속이 되어 있습니다.

그런데, 컴퓨터의 세계에서 '문자열'이란 방금 전에 예로 든 문자 코드 시스템의 '연속된 문자들'로 표현하도록 약속이 되어 있습니다. 따라서 '문자열'이란 '문자'를 일직선 상에 빈틈 없이 나열한 정보라고 정리할 수 있습니다. 즉,

문자열은 각 요소에 문자가 저장된 문자 배열이다.

라고 정의할 수 있습니다.

예를 들어, 문자열 'ABC'는 문자 'A', 문자 'B', 문자 'C'를 배열 요소로 저장한 다음 배열로 표현하는 것입니다. 즉, 문자 타입 데이터를 저장할 수 있는 배열이 있고, 그 1번째 요소에 문자 'A', 2번째 요소에 문자 'B', 3번째 요소에 문자 'C'가 저장되어있는 상태가 문자열 "ABC"라고 할 수 있습니다.

- 컴퓨터의 세계에서 문자열은 '연속된 문자'로 표현한다.
- 문자열은 각 요소에 문자가 포함된 문자 타입 배열이다.

그림 1 문자와 문자 코드

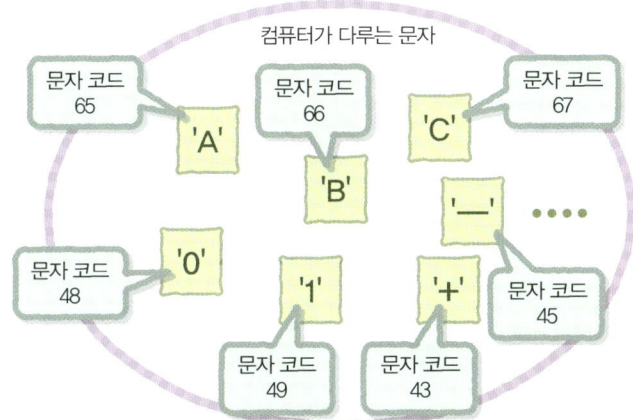

컴퓨터 안에서는 문자 코드라는 숫자를 사용해서 문자를 표현한다

그림 2 문자열 표현

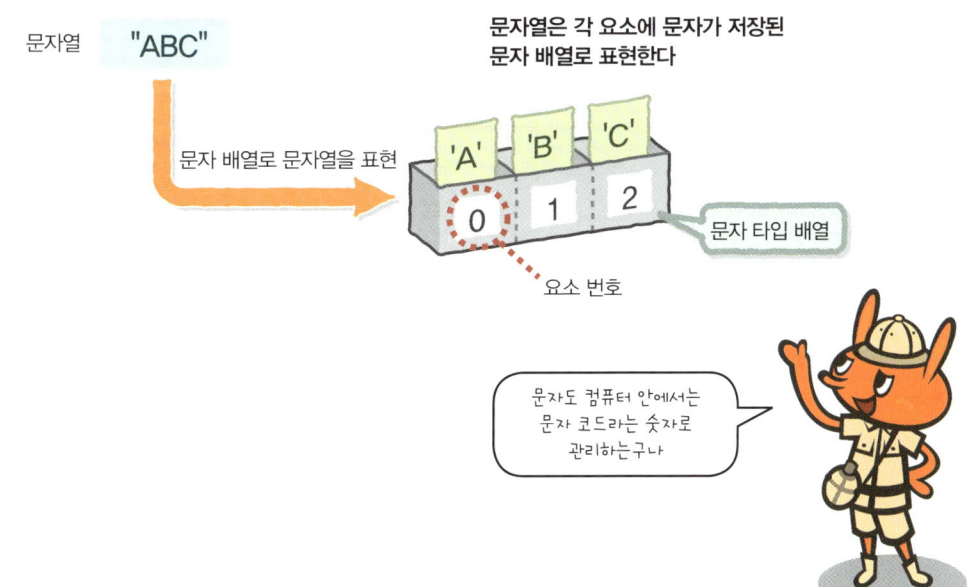

021 문자열의 길이는 문자 길이 변수 또는 '보초 값'이 관리한다

　문자열이란 1번째 요소부터 차례대로 문자가 저장된 문자 타입 배열입니다. 그러나 배열에 저장된 문자 데이터만으로는 그 배열의 몇번째 요소에서 문자열이 끝나는지 알 수 있는 방법이 없습니다. 예를 들어 10개의 요소가 있는 배열 str로 "KOREA"라는 문자열을 표현한다고 해보겠습니다.

　str[0]에 문자 'K', str[1]에 문자 'O', str[2]에 문자 'R', str[3]에 문자 'E', 그리고 str[4]에 문자 'A'가 저장되게 됩니다. 여기에서 문자 배열 str에 저장된 문자는 str[0]~str[4]의 5개 뿐이며, str[5] 이후로는 사용하지 않는다는 사실을 어떠한 방법을 사용해서라도 표시해야 합니다. 이를 위해 다음과 같이 2가지 방법을 선택할 수 있습니다.

❶ 문자열 길이 변수를 준비하는 방법
❷ 문자열 끝에 **보초 값**을 저장하는 방법

　❶은 배열 속 문자열의 길이를 정수 타입 변수에 저장하는 방법입니다. 앞의 문자열 "KOREA"의 경우, 문자 길이 변수에 5라는 값이 저장됩니다. 그 변수의 값을 참조하면 배열 str에 저장된 문자열의 길이는 5자이며, 유효한 배열 요소는 str[0]~str[4]임을 알 수 있습니다.

　❷는 문자열의 구성 문자로 절대로 표시되지 않는 문자 코드를 배열의 문자열 끝 요소 뒷부분에 저장하는 방법입니다. 그러한 문자 코드를 '보초 값'이라고 합니다. '보초 값'으로는 0(문자 '0'이 아닌 숫자 0)을 사용하는 것이 일반적입니다. 앞의 문자열 "KOREA"의 경우 마지막 문자 'A'의 다음 요소 위치 str[5]에 값 0을 저장해 둡니다. 그러면 문자 타입 배열의 시작부터 문자를 차례대로 확인하다가, 값 0을 발견한 시점에 문자열의 구성 문자의 끝을 확인할 수 있습니다.

- 문자열의 길이는 '문자 길이'를 저장하는 변수에 저장한다.
- 문자열 끝에 '보초 값'을 세우고 관리하는 방법도 있다.

그림 1 문자열 길이를 관리하는 방법

① 문자열의 길이를 저장하는 변수를 따로 준비하는 방법

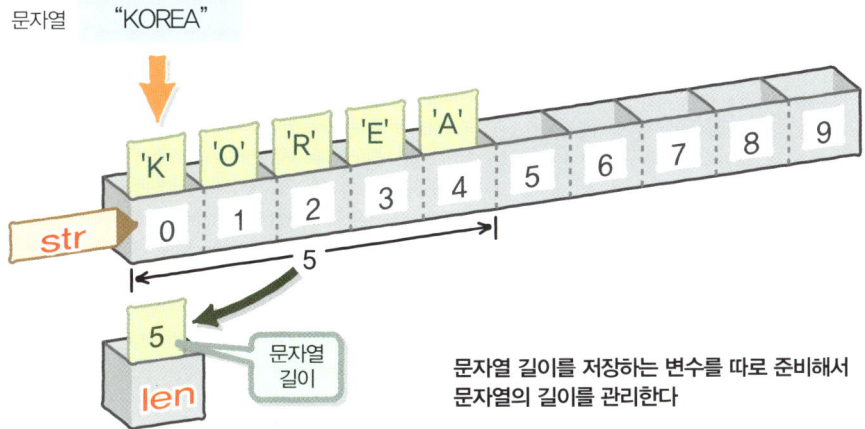

문자열 길이를 저장하는 변수를 따로 준비해서 문자열의 길이를 관리한다

② 문자열 끝에 보초 값을 저장하는 방법

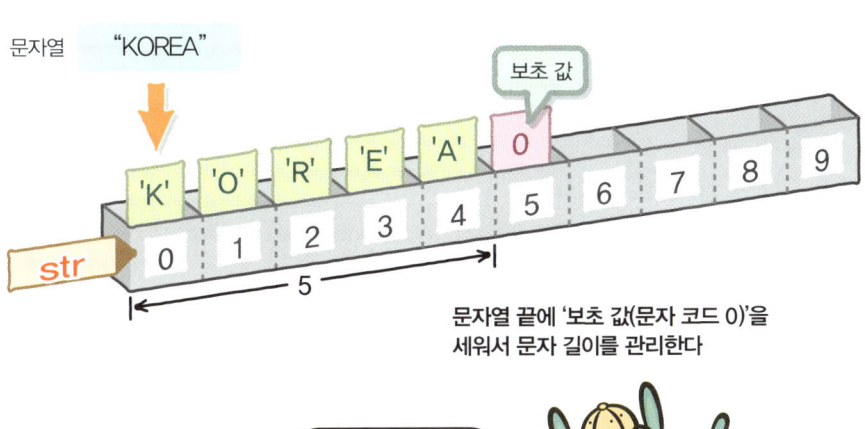

문자열 끝에 '보초 값(문자 코드 0)'을 세워서 문자 길이를 관리한다

COLUMN

관용적으로 사용되는 변수명

알고리즘 작성 시 변수 사용은 필수적입니다. 일부 변수들의 이름은 관용적으로 사용되기도 합니다.

❶ 반복문의 반복 횟수를 저장하는 변수

반복 처리하는 알고리즘에서 반복 횟수를 유지하는 정수 타입 변수명(반복 횟수이므로 정수 값)으로 i, j, k가 자주 사용됩니다. 이는 과거에 Fortran이라는 프로그래밍 언어에서 이름이 i~n으로 시작하고, 데이터 타입을 파악할 수 없는 변수들은 암묵적으로 정수 타입 변수로 생각했었던 흔적으로 추정됩니다.

❷ 배열 첨자로 사용되는 변수

index, idx 변수명이 자주 사용됩니다.

❸ 수를 세는 데 사용되는 변수

counter, count, cnt가 자주 사용됩니다.

❹ 문자열을 다루는 변수(배열)

str, string이 자주 사용됩니다.

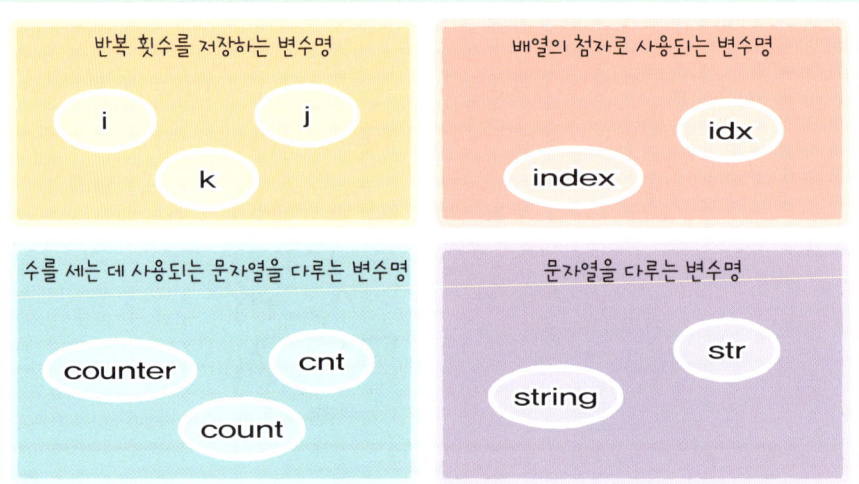

자료구조

대량의 데이터를 입력하고 처리한 후, 그 결과를 출력하는
알고리즘에는 대량 데이터의 입출력 및 처리에 보다 효율적인
대량 데이터의 유지 관리 방법이 필요합니다.
이 장에서는 '대량 데이터의 유지 관리 방법' = '자료구조'를 학습합니다.

대량 데이터를 효율적으로 관리하기 위한 메커니즘이 자료구조이다

　대량 데이터를 효율적으로 관리하는 메커니즘을 **자료구조**라고 합니다. 현실 세계에서는 우편번호가 자료구조의 좋은 예입니다.

　한국에서는 2015년 8월 1일부터 국가기초구역에 부여된 5자리 구역번호를 우편번호로 사용합니다. 기본적으로 우편번호의 앞 3자리 수 만으로 대략적인 시, 군, 자치구를 파악할 수 있습니다. 그리고 그 뒤의 2자리 숫자는 일련번호로 구성되어 있습니다. 5자리 숫자로 국가기초구역을 한정하면, 나머지는 도로명 주소 등으로 배송 위치를 파악할 수 있습니다.

　이처럼 체계적인 숫자의 자리수를 사용하여 배송처의 범위를 빠르게 좁힐 수 있는 것입니다. 만약 우편번호가 없다면 우체국 직원들은 주소를 사용하여 배송처를 찾아내야 할 것입니다만 우편번호를 사용한 배송처 검색에 비해서 아득할 정도로 업무량이 불어날 것은 어렵지 않게 예상할 수 있습니다.

　유사한 예로 학교에서 학생들을 관리하는 경우를 들 수 있습니다. '김대희'라는 학생을 호출할 때, 무작위로 나열된 학생 명단에서 찾아내기란 매우 어려운 일입니다. 그러나 각 학생에게 'O학년 ×반 출석 번호 △번'이라는 정보를 부여하면, 해당 학생을 효율적으로 찾아낼 수 있습니다.

　예를 들어 전교생의 수가 1,000명인 학교의 무작위로 나열된 학생 명단에서 '이름'만으로 특정 학생을 찾아야 한다면, 처음부터 샅샅이 조사한다고 했을 때 최소 1회, 최대 1,000회를 비교해야 할 것입니다. 즉 평균 비교 횟수는 500회가 됩니다.

　그러나, 'O학년 ×반 출석 번호 △번'이라는 정보로 학생을 찾는다고 한다면, ❶ '학년'으로 범위를 좁히고 ❷ '반'으로 범위를 좁히고 ❸ '출석 번호'로 찾아내면 되므로 비교 횟수가 3회면 충분합니다.

- 자료구조는 대량의 데이터를 효율적으로 관리하는 구조이며, 우편번호 체계를 사용한 주소와 출석 번호를 사용한 학생 관리 또한 자료구조이다.

그림 1   우편번호를 사용한 주소 관리

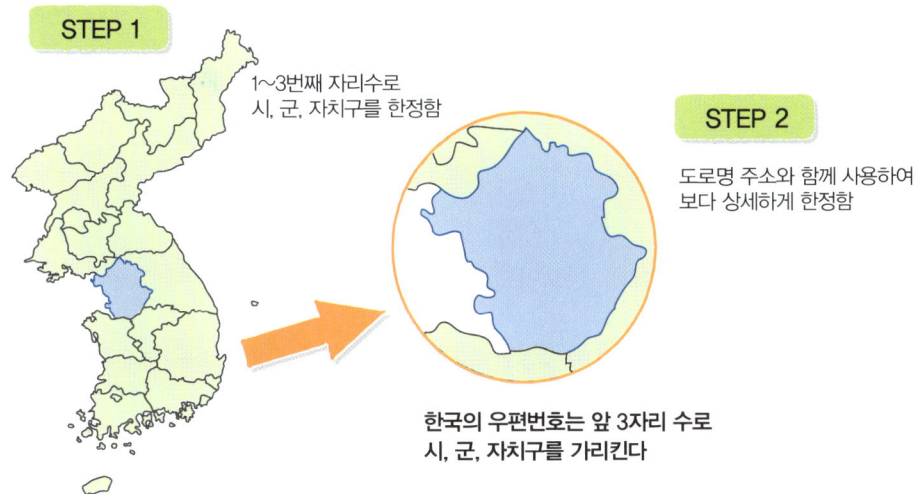

그림 2   학년 / 반 / 출석 번호를 사용한 학생 관리

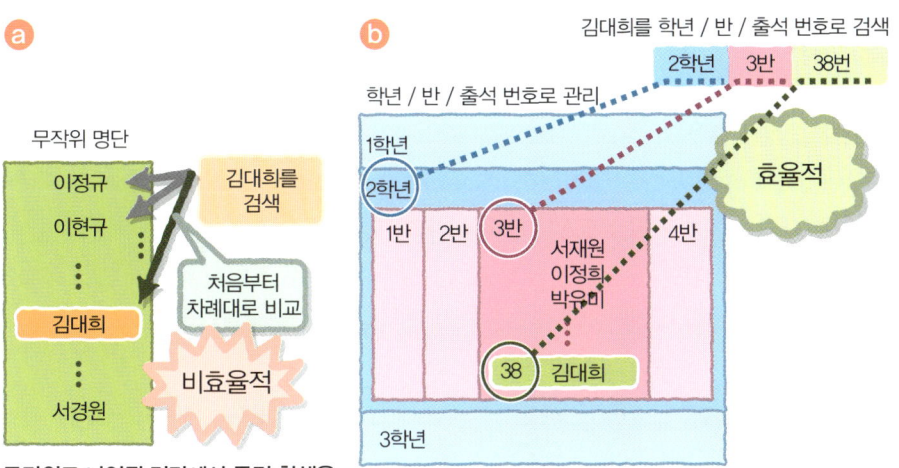

023 다양한 종류의 자료구조들

알고리즘 작성에 사용되는 자료구조에는 다양한 종류가 있습니다. 그중 대표적인 것은 다음과 같습니다.

❶ 배열

데이터를 빈틈없이 나열한 자료구조를 **배열**이라고 합니다. 배열은 일직선 상에 빈틈없이 데이터를 나열한 1차원 배열, 사각형처럼 가로세로 빈틈없이 데이터를 나열한 2차원 배열, 직육면체처럼 가로, 세로, 높이에 빈틈없이 데이터를 나열한 3차원 배열 등이 있습니다.

❷ 리스트

데이터를 순서대로 나열한 자료구조를 **리스트**라고 합니다. 배열과 같이 차례대로 나열한 데이터를 관리합니다. 그러나 데이터들이 화살표로 서로 연결되어 있어 데이터들이 떨어진 장소에 위치해도 된다는 점이 배열과 다릅니다.

❸ 스택

책상 위에 책을 쌓듯 데이터를 관리하는 자료구조가 **스택**입니다. 쌓여있는 책은 가장 위쪽부터 꺼낼 수 밖에 없습니다. 이와 마찬가지로, 데이터를 넣는 순서와 반대의 순서로 데이터를 꺼내는 데이터 관리 방법입니다.

❹ 큐(대기 행렬)

계산대에서는 먼저 줄을 선 손님부터 차례대로 계산합니다. 이와 마찬가지로 데이터를 넣은 순서대로 데이터를 꺼내는 데이터 관리 방법입니다.

❺ 트리(나무 구조)

나뭇가지가 2개, 3개, …로 갈라지고, 그 갈라진 끝에서 2개, 3개, … 나뉘듯 퍼져 나가는 자료구조입니다.

- 알고리즘을 작성할 때 사용하는 자료구조에는 다양한 종류가 있다.
- 주요 자료구조는 '배열', '리스트', '스택', '큐', '트리'가 있다.

제3장 자료구조

그림 1   다양한 자료구조

주요 자료구조에는 '배열', '리스트', '스택', '큐', '트리'가 있다

배열

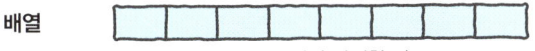

데이터를 빈틈없이 나열한 자료구조

리스트

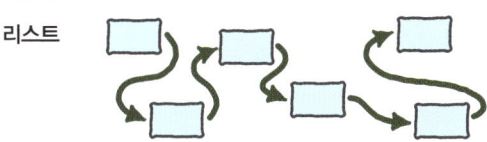

떨어진 곳에 존재하는 데이터를 화살표로 묶어서 관리하는 자료구조

스택

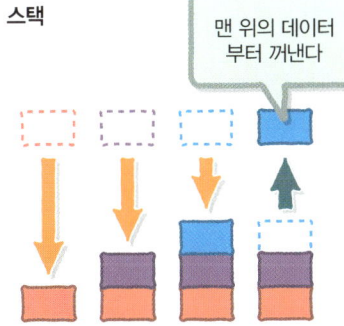

맨 위의 데이터부터 꺼낸다

데이터는 책을 쌓듯 추가함

큐(대기 행렬)

마치 계산대에 줄 지어 기다리는 사람들처럼 데이터가 끝에 추가됨

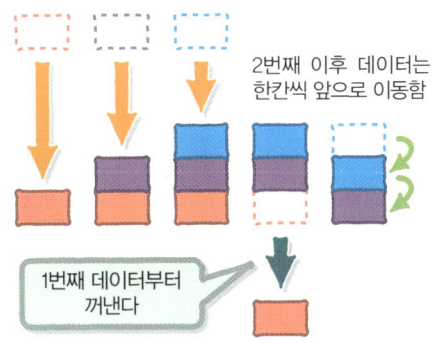

2번째 이후 데이터는 한칸씩 앞으로 이동함

1번째 데이터부터 꺼낸다

트리(나무 구조)

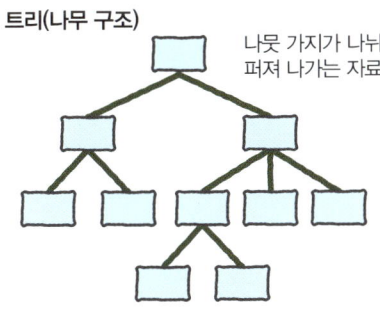

나뭇 가지가 나뉘듯 퍼져 나가는 자료구조

뒤집어 보면 나무가 퍼져 나가는 모습을 닮았음

024 책처럼 쌓이는 자료구조가 스택

스택(STACK)이라는 단어에는 '쌓다'라는 뜻이 있습니다. 그 의미대로 데이터를 쌓아서 관리하는 방식이 스택입니다.

여러분도 무언가를 조사할 때, 책상 위에 참고 자료로 사용한 책을 쌓아 놓았던 경험이 있을 것입니다. 책장에서 책 한 권을 꺼내 읽고, 그 책을 책상 옆에 놓아 둔다. 그리고 다른 책을 꺼내 읽고, 그 책을 방금 놓은 책 위에 쌓는다. 또 다른 책을 꺼내 읽고, 다 읽은 책 위에 쌓는다. 이 과정을 반복한다면 결과적으로 책상 위에는 한 무더기의 책이 쌓여 버릴 것입니다.

이렇게 책이 많이 쌓여있는 상태에서 중간에 있는 책을 꺼내려고 한다면, 쌓아 놓은 책이 무너져 버릴 수도 있습니다. 따라서 가운데에 있는 책을 꺼내려면, 가장 위에 쌓인 책부터 한 권 한 권 차례대로 빼내야 할 것입니다. 이 작업을 원하는 책이 맨 위에 놓일 때까지 반복합니다. 스택이란 이와 같이 '책상에 책을 쌓듯' 데이터를 관리하는 방법입니다.

스택을 사용한 데이터 관리법에서는

❶ **데이터를 넣는(쌓는) 작업을 푸시**(PUSH)
❷ **데이터를 꺼내는 작업을 팝**(POP)

이라고 합니다.

또한 스택처럼 마지막에 입력된 데이터가 먼저 출력되는 특징을 갖는 데이터 관리 방식을 **LIFO**(Last In, First Out) 또는 **FILO**(First In, Last Out)라고 부릅니다.

- 스택에 데이터를 삽입하는 작업을 PUSH, 꺼내는 작업을 POP이라고 한다.
- 스택의 데이터 관리 방식은 LIFO 또는 FILO라고 부른다.

그림 1 스택을 사용한 데이터 관리법

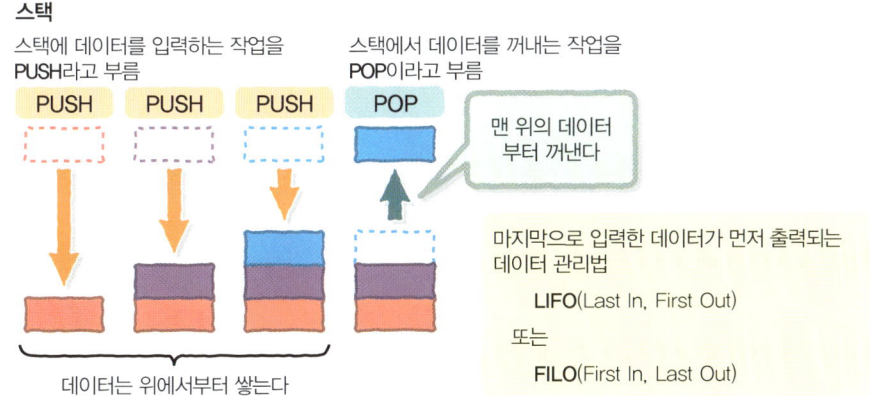

그림 2 스택을 사용한 데이터 관리의 구체적인 예

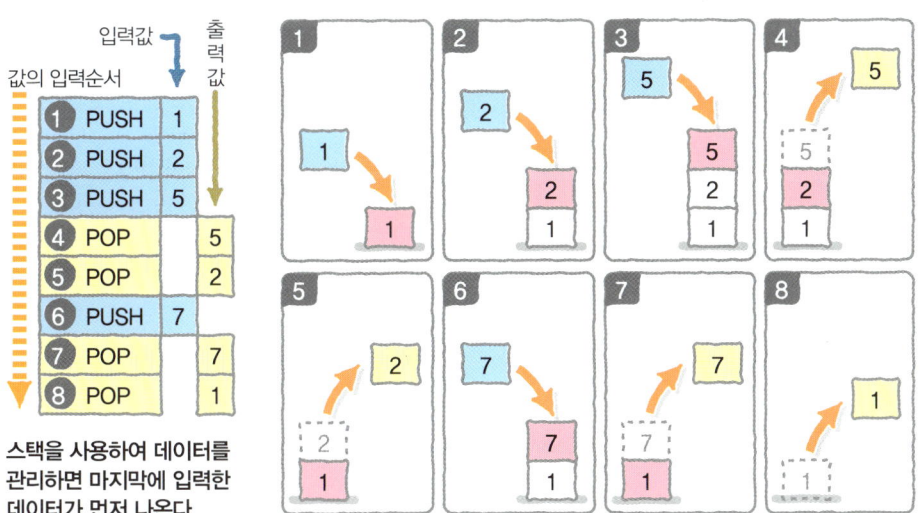

025 계산대 앞에 줄을 서듯 대기하는 자료구조가 대기 행렬 (큐)

큐(QUEUE)란 먼저 입력한 데이터가 먼저 출력되는 특징을 가진 자료구조로, 한국어로는 '큐' 또는 '대기 행렬'이라고 부릅니다.

일상생활 속에서 순서를 기다리는 대기자들을 한번 떠올려 보시기 바랍니다.
❶ 슈퍼마켓에서 계산을 하기 위해 계산대에 줄을 서서 기다리는 사람들
❷ 돈을 인출하기 위해 현금 인출기에 줄을 서서 기다리는 사람들
❸ 역 앞에서 버스를 타기 위해 줄을 서서 기다리는 사람들

새로운 대기자는 그 줄의 가장 끝으로 가서 줄을 섭니다. 슈퍼마켓에서 계산을 기다리는 사람들, 은행에서 인출을 기다리는 사람들, 버스를 기다리는 사람들 모두 대기열의 1번째 사람부터 용무를 봅니다. 그리고 대기열의 1번째 사람이 용무를 끝내면 이번에는 그 사람의 뒤에 줄 지어 있던 다음 사람이 대기열의 1번째를 차지하게 되고, 그 뒤에 줄 지어 있던 사람들은 한 사람씩 앞으로 전진하게 됩니다.

이러한 대기열에서
- 중간에 끼어들거나
- 순서를 어기고 새치기하는 행동

은 허용되지 않습니다. 이처럼 반드시 먼저 줄을 선 사람부터 순서대로 처리되는 자료구조를 '큐(대기 행렬)'라고 합니다.

큐(대기 행렬)처럼 먼저 입력한 데이터가 먼저 출력되는 특징을 갖는 데이터 관리 방법을 **FIFO**(Fast In, First Out) 또는 **LILO**(Last In, Last Out)라고 합니다.

- 큐에서는 먼저 입력한 데이터가 먼저 출력된다.
- 큐의 데이터 관리 방법은 FIFO 또는 LILO라고 한다.

제3장 자료구조

그림 1 큐를 사용한 데이터 관리 방법

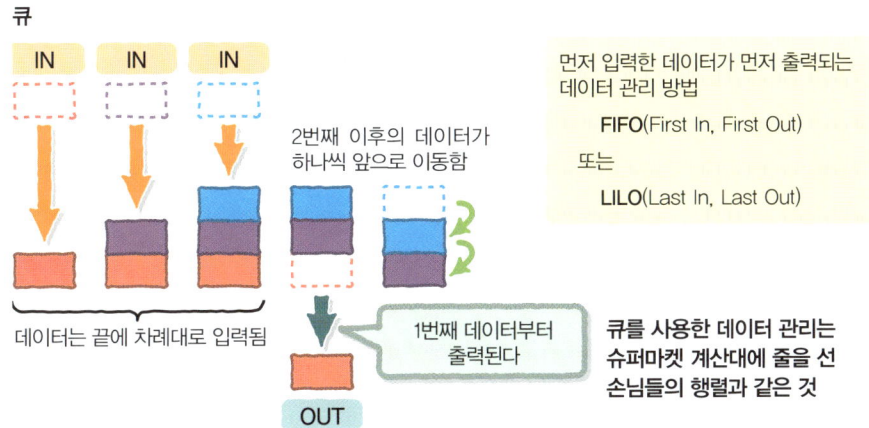

그림 2 큐를 사용한 데이터 관리의 구체적인 예

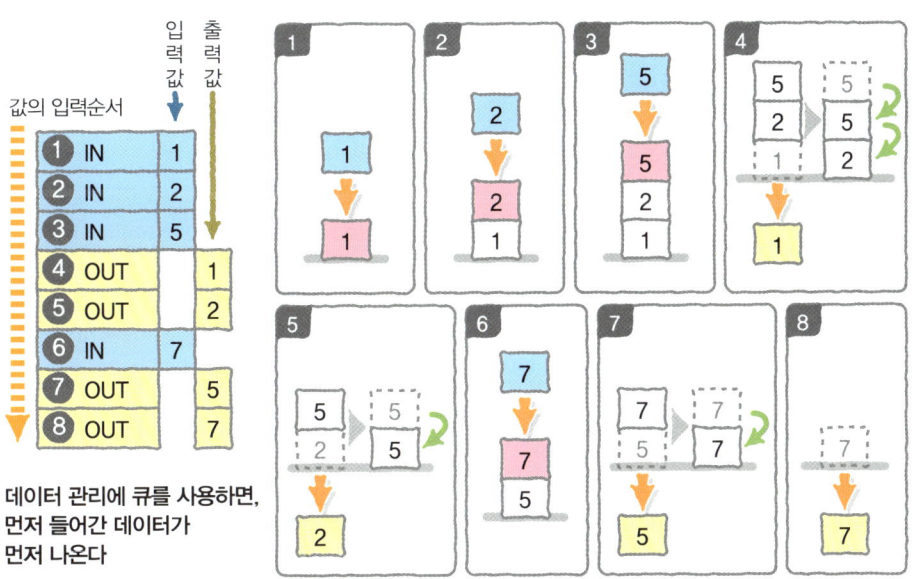

026 끈으로 엮어서 데이터를 관리하는 것이 리스트

1번째, 2번째처럼 순서 있는 데이터를 관리할 때 자주 사용되는 것이 '1차원 배열'입니다. 여기에서 소개하는 **리스트** 또한 배열처럼 순서가 있는 데이터를 관리할 때 사용합니다. '배열'과 '리스트' 모두 순서가 있는 데이터를 관리할 때 사용합니다만, 각각 다음과 같은 구조적인 특징이 있습니다.

- **1차원 배열** ……… 데이터들은 차례대로 빈틈없이 나열된다.
- **리스트** ………… 데이터들은 모두 떨어져 있지만, 끈으로 묶여 있다.

1차원 배열에서는 데이터가 빈틈없이 직선으로 나열되어 있으므로, 각 데이터들의 순서가 고정되어 있습니다. 즉, 배열은 데이터를 저장하는 상자들이 정해진 위치에 있으므로 데이터의 순서를 파악할 수 있는 구조를 갖고 있습니다. 만약 배열의 각 요소들이 이곳저곳으로 이동해 버린다면, 배열에 저장되어 있는 데이터의 순서를 파악할 수 없게 됩니다. 그런 의미에서 배열의 각 요소는 접착제로 붙여 놓은 것처럼 떨어지지 않게 만들어야 합니다.

반면에 리스트는 데이터의 위치에 구애받지 않습니다. 데이터들이 자유롭게 이리저리 이동해도 괜찮습니다. 리스트에서는 데이터들이 어느 위치로 이동하더라도 데이터의 순서를 제대로 관리할 수 있습니다. 왜냐하면 리스트에서는 각 데이터들이 길이가 자유롭고 방향성을 가진 끈으로 연결되어 있기 때문입니다. 그래서 만약 데이터의 위치가 바뀌더라도 그 끈을 추적하면 '다음 데이터가 어디에 있는가'를 파악할 수 있으므로 데이터의 위치에 관계없이 데이터의 순서를 관리할 수 있는 것입니다.

또한 유효한 데이터의 개수를 관리하는 방법에서도 배열과 리스트는 차이를 보입니다. 배열에서는 유효한 데이터 개수를 관리할 때 다른 변수를 사용하지만, 리스트에서는 '다음 데이터에 연결된 끈이 있는지의 여부'로 데이터의 끝을 파악합니다.

- '리스트'는 떨어진 위치에 있는 데이터들을 끈으로 묶어서 순서를 관리하고 '다음 데이터가 없음'을 통해 데이터의 끝을 표현한다.

그림 1 배열에서 데이터 순서 관리

배열

[0]	[1]	[2]	[3]	[4]	[5]
3	5	6	9	12	14

배열은 데이터가 일직선 상에 빈틈없이 나열된 것이며, 나열된 순서대로 관리한다

데이터들이 뒤섞여 버리면

데이터의 순서를 파악할 수 없게 됨

그림 2 리스트에서 데이터의 순서 관리

방향성을 가진 끈으로 데이터들을 연결하여 순서를 관리한다

리스트

데이터의 위치가 바뀌더라도

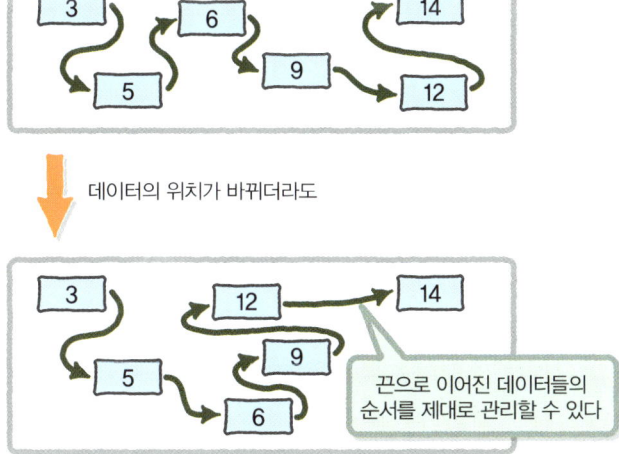

끈으로 이어진 데이터들의 순서를 제대로 관리할 수 있다

027 한쪽 방향에서 데이터를 찾아가는 단방향 리스트

리스트 안에서, 앞쪽에서 뒷쪽을 가리키는 방향성을 가진 끈으로 순서가 있는 데이터를 연결하는 방식을 **단방향 리스트**라고 부릅니다.

단방향 리스트의 각 요소는 다음의 2가지 항목을 가지고 있습니다.

- 데이터
- 다음 요소를 가리키는 포인터

'데이터'는 그 요소에 저장된 정수와 실수, 문자열 등 리스트에서 관리하고자 하는 값입니다. '다음 요소를 가리키는 포인터'는 요소와 요소를 연결하는 끈의 역할을 합니다. 여기에서는 '다음 요소를 가리키는 포인터'를 'NEXT 포인터'라고 부르겠습니다. NEXT 포인터에는 '다음 요소가 어디에 있는지'를 나타내는 위치 정보가 저장되어 있습니다. 그리고 마지막 요소의 NEXT 포인터에는 '이제 다음 요소는 더이상 없다'는 뜻의 종료 정보가 저장되어 있습니다.

단방향 리스트에는 또 다른 중요한 정보가 필요합니다. 그것은 '1번째 요소를 가리키는 포인터'입니다. 여기에서는 '1번째 요소를 가리키는 포인터'를 'HEAD 포인터'라고 부르겠습니다. HEAD 포인터에는 1번째 요소의 위치 정보가 저장되어 있습니다.

단방향 리스트는 HEAD 포인터가 가리키는 요소에서 시작하고 NEXT 포인터가 종료 정보를 저장한 요소에서 끝납니다. 만약 리스트에 데이터가 하나도 없을 경우에는 HEAD 포인터에 '1번째 요소가 없다'는 정보를 저장합니다.

〈집〉에서 시작하는 다음의 여정을 단방향 리스트에 비유할 수 있습니다.

❶ 〈야채 가게〉에서 사과를 산다.   ❷ 〈정육점〉에서 돼지고기를 산다.
❸ 〈생선 가게〉에서 꽁치를 산다.   ❹ 〈과자 가게〉에서 초콜릿을 산다.

그림 2는 이 시나리오를 그림으로 옮긴 것입니다.

- 단방향 리스트의 각 요소는 데이터와 NEXT 포인터로 구성된다.
- 단방향 리스트에서는 1번째 요소를 가리키는 포인터가 필요하다.

| 그림 1 | 단방향 리스트의 상세 구조 |

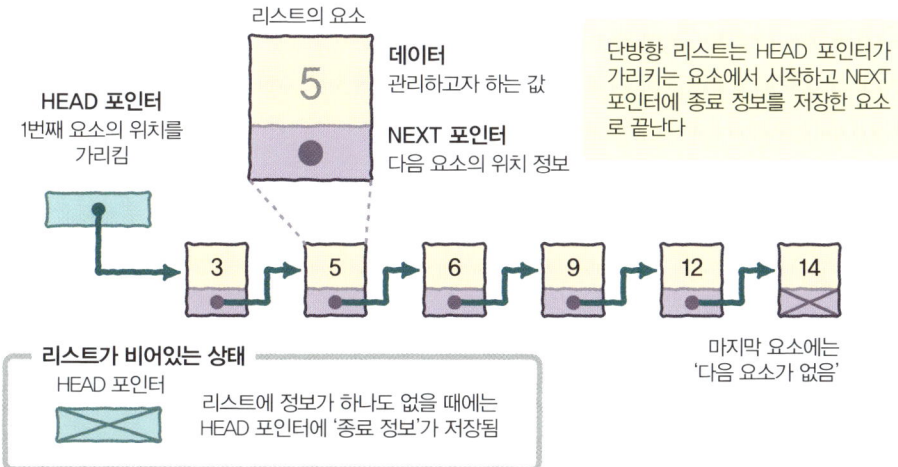

| 그림 2 | 쇼핑 순서를 리스트로 표현한 예 |

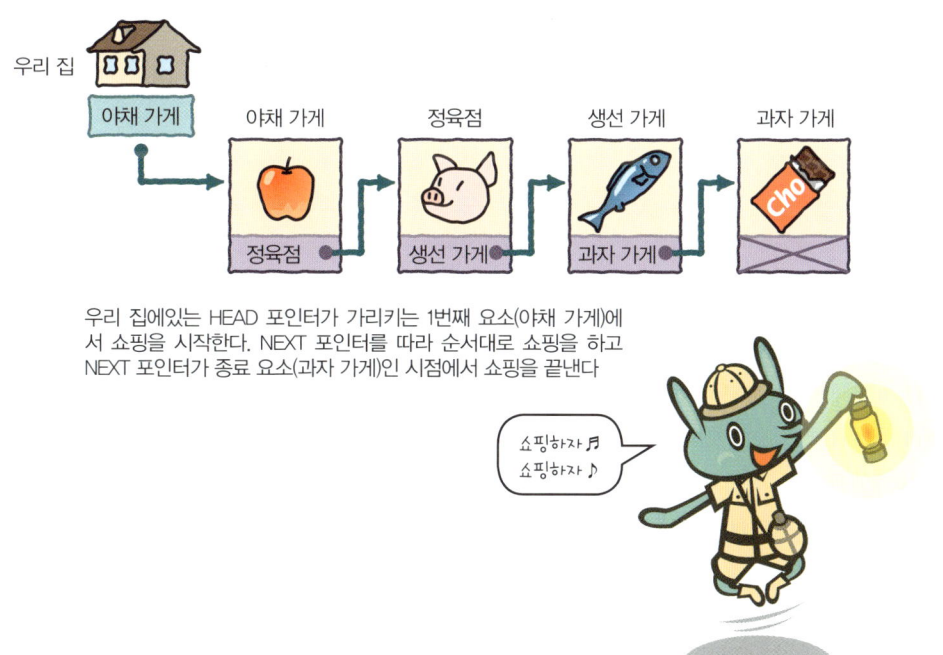

우리 집에 있는 HEAD 포인터가 가리키는 1번째 요소(야채 가게)에서 쇼핑을 시작한다. NEXT 포인터를 따라 순서대로 쇼핑을 하고 NEXT 포인터가 종료 요소(과자 가게)인 시점에서 쇼핑을 끝낸다

028 양쪽 방향에서 데이터를 찾아가는 양방향 리스트

리스트의 안에서, 앞에서부터 뒤를 가리키는 끈과 뒤에서 앞을 가리키는 끈 2개를 사용하여 순서가 있는 데이터들을 연결하는 방법을 **양방향 리스트**라고 부릅니다. 양방향 리스트의 각 요소는 다음의 3가지 항목을 가지고 있습니다.

- 데이터
- 다음 요소를 가리키는 포인터
- 이전 요소를 가리키는 포인터

'데이터'란 그 요소에 저장된 정수와 실수, 문자열 등 리스트에서 관리하고자 하는 값입니다. '다음 요소를 가리키는 포인터'는 바로 다음(후방) 요소를 잇는 끈의 역할을 합니다. 또한 '이전 요소를 가리키는 포인터'는 바로 이전(전방)의 요소를 잇는 끈의 역할을 합니다. 여기에서는 '다음 요소를 가리키는 포인터'를 'NEXT 포인터', '이전 요소를 가리키는 포인터'를 'PREV 포인터'라고 부르겠습니다.

NEXT 포인터에는 '다음 요소가 어디에 있는지'를 표시하는 위치 정보가 저장되어 있습니다. PREV 포인터에는 '이전 요소가 어디에 있는지'를 표시하는 위치 정보가 저장되어 있습니다. 그리고 마지막 요소인 NEXT 포인터와 1번째 요소의 PREV 포인터에는 '다음 요소 없음'이라는 종료 정보가 저장되어 있습니다. 양방향 리스트에는 추가로 2가지 중요한 정보가 필요합니다. 그것은 '1번째 요소를 가리키는 포인터'와 '마지막 요소를 가리키는 포인터'입니다. 여기에서는 전자를 'HEAD 포인터', 후자를 'TAIL 포인터'라고 부르도록 하겠습니다. HEAD 포인터에는 1번째 요소의 위치 정보가 저장되어 있고, TAIL 포인터에는 마지막 요소의 위치 정보가 들어 있습니다. 또한 리스트에 데이터가 하나도 없는 경우에는 HEAD 포인터와 TAIL 포인터 모두에 '1번째 요소 없음'이라는 정보가 저장됩니다.

- 양방향 리스트에는 1번째 요소와 마지막 요소를 가리키는 포인터가 필요하며, 각 요소는 데이터와 앞 요소, 뒷 요소를 가리키는 포인터로 구성된다.

제3장　자료구조

그림 1　양방향 리스트의 상세 구조

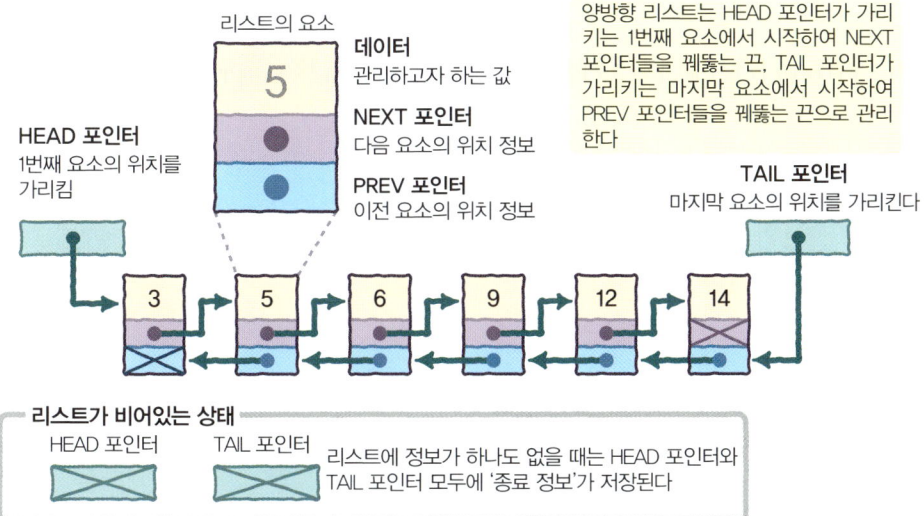

그림 2　1번째 요소부터 차례대로, 마지막 요소에서 거꾸로 찾아가는 방법

1번째 요소에서 출발하여 뒷 방향으로 데이터를 추적할 경우, HEAD 포인터가 가리키는 요소에서 시작한다
NEXT 포인터를 사용하여 다음 요소, 그 다음 요소를 추적할 수 있다
마지막 요소에서 앞 방향으로 데이터를 추적할 경우, 포인터가 가리키는 요소에서 시작한다
PREV 포인터를 사용하여 이전 요소, 그 이전 요소를 추적할 수 있다

029 N번째 요소의 참조가 빠른 것은 배열, 느린 것은 리스트 구조

　1차원 배열에서는 요소를 일직선 상에 빈틈없이 나열하여 데이터를 정렬합니다. 반면에 리스트에서는 방향성 있는 '끈'으로 각각의 요소들을 연결시켜 데이터를 정렬합니다. 이러한 구조적 특징 때문에 배열과 리스트의 데이터 조작에 장점과 단점이 생겨납니다. 여기서는 'N번째 요소 조회' 작업을 통해 장점과 단점을 비교해 보겠습니다.

　차례대로 나열된 데이터에서 N번째 요소를 조회하는 작업은, 배열에서는 요소 번호를 사용하면 바로 찾아낼 수 있습니다. 예를 들어, 배열 ARRAY의 5번째 요소는 ARRAY[4]라는 배열 이름과 첨자를 사용하여 즉시 조회할 수 있습니다.

　반면에 리스트에서는 1번째 데이터부터 차례대로 끈을 따라가야 하는 수고를 해야 N번째 요소에 도착할 수 있습니다. 예를 들어, 리스트의 5번째 요소를 조회하려면

❶ 1번째 요소를 조회한다.
❷ 1번째 요소에서 나오는 끈을 따라서 2번째 요소를 조회한다.
❸ 2번째 요소에서 나오는 끈을 따라서 3번째 요소를 조회한다.
❹ 3번째 요소에서 나오는 끈을 따라서 4번째 요소를 조회한다.
❺ 4번째 요소에서 나오는 끈을 따라서 5번째 요소를 조회한다.

　5번째 요소를 조회하기 위해서는 위와 같은 방식으로 5단계의 조작이 필요합니다. 만약 5번째 요소가 아니라 10,000번째 요소를 조회해야 한다면, 리스트에서 'N번째 요소 참조'의 처리가 배열에 비해 얼마나 느릴지는 굳이 설명이 필요하지 않을 것입니다.

　이처럼 N번째 요소를 참조할 때는 배열이 리스트보다 훨씬 더 효율적입니다.

● N번째 요소를 조회할 때, 배열은 첨자를 사용해서 매우 빠르게 찾을 수 있지만 리스트는 1번째 요소부터 차례대로 찾아가야 하므로 시간이 걸린다.

| 그림 1 | 배열과 리스트에서 5번째 요소를 조회하는 방법과 시간적 비용 비교 |

배열

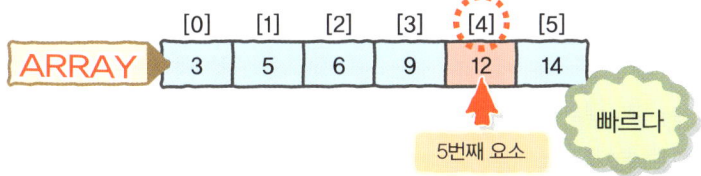

요소 번호가 있기 때문에 5번째 요소는 ARRAY[4]로 바로 찾아낼 수 있다
배열의 경우, 어떠한 요소를 조회하더라도 모든 시간적인 비용은 동일하며 빠르다

리스트

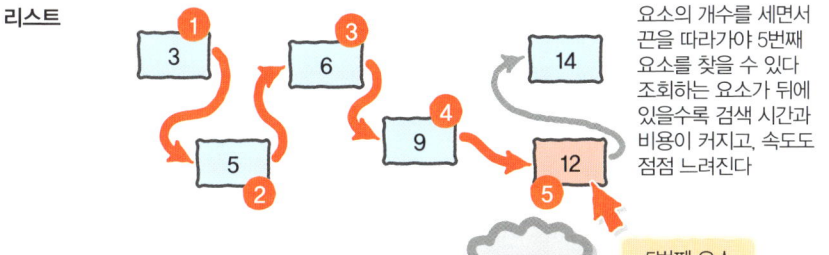

1번째 요소부터 차례대로 요소의 개수를 세면서 끈을 따라가야 5번째 요소를 찾을 수 있다 조회하는 요소가 뒤에 있을수록 검색 시간과 비용이 커지고, 속도도 점점 느려진다

배열에서는 첨자를 사용하면 순식간에 5번째 요소를 조회할 수 있지만, 리스트에서는 1번째 요소부터 차례대로 끈을 따라가야 하는 수고가 필요하다

데이터의 삽입·삭제가 빠른 것은 리스트 구조, 느린 것은 배열

데이터 정렬을 관리하는 1차원 배열과 리스트는 구조적인 특징으로 인해 데이터 조작 시의 장점과 단점이 다릅니다. 여기서는 '데이터 삽입·삭제' 동작에 대해 설명합니다.

❶ 데이터 삽입

새로운 데이터를 순서대로 나열된 데이터 열의 특정 위치에 삽입하는 경우, 배열에서는 삽입 위치 다음에 존재하는 모든 데이터를 뒤로 이동시켜야 합니다. 만약 삽입 위치 다음에 1,000개의 데이터가 있다면, 데이터를 이동시키는 작업을 1,000번 되풀이해야 할 것입니다. 1개의 데이터를 삽입할 때마다 데이터 이동 프로세스가 발생하기에 시간적인 비용이 매우 커집니다.

반면에 리스트에서는 삽입하는 데이터의 앞뒤 데이터를 연결하고 있는 끈을 잘라 새로운 데이터에 연결 시키기만 하면 됩니다. 삽입 위치 뒤에 데이터가 1,000개 10,000개 있더라도, 항상 '끈을 자르고 합치기'라는 작업을 1번만 수행하면 삽입할 수 있으므로, 시간적인 비용이 적습니다.

❷ 데이터 삭제

데이터를 삭제할 경우도 마찬가지입니다. 배열에서는 삭제된 데이터보다 뒤에 있는 데이터 모두를 앞으로 옮겨야 합니다. 삭제 위치 뒤에 1,000개의 데이터가 있다면, 역시 데이터의 이동 처리를 1,000번 반복해야 합니다.

반면에 리스트에서는 삭제된 데이터의 다음에 몇 개의 데이터가 있더라도, 제거하고자 하는 데이터의 끈을 자른 후 앞뒤 데이터를 이어 붙이기만 하면 됩니다. N번째 데이터를 조회할 때는 리스트에 비해 배열이 효율적이지만, 데이터를 삽입하고 삭제할 때는 리스트가 배열보다 효율적입니다.

- 데이터의 삽입·삭제가 리스트에서는 포인터 조작만으로 끝나기 때문에 효율적이지만, 배열에서는 데이터의 이동이 발생하므로 시간적 비용이 크다.

| 그림 1 | 배열과 리스트에서의 데이터 삽입 순서 |

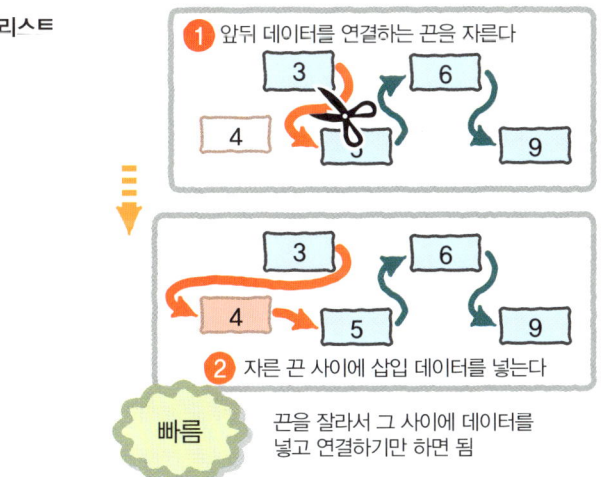

배열에서는 삽입 위치보다 뒤에 있는 데이터의 양이 많을수록 처리가 늦어지고 시간적 비용도 커지지만, 리스트에서는 삽입하는 위치의 포인터를 바꾸어 줄 뿐이므로, 비용은 항상 일정하고 처리 속도도 빠르다 삭제할 경우의 시간적 비용도 마찬가지이다.

031 마지막 요소까지 이동하면 1번째 요소로 되돌아 오는 링 버퍼

1차원 배열에서 데이터들은 직선으로 나열되고, 각 요소는 첨자로 조회할 수 있습니다. 배열 요소를 처음부터 마지막까지 순서대로 조회하려면 배열 요소를 조회할 때 첨자를 1씩 더해 나가면 됩니다. 그것을 10개의 요소를 가진 배열 BUFFER를 예로 들어 설명해 보겠습니다.

배열 BUFFER의 1번째(요소 번호 0) 요소는 BUFFER[0]으로 조회할 수 있습니다. 그 다음 요소는 요소 번호에 1을 더한, BUFFER[1]로 조회할 수 있습니다. 또한 다음 요소, 그 다음 요소 역시 순서대로 요소 번호를 1씩 더한 BUFFER[2], BUFFER[3], … 으로 조회할 수 있습니다. 그러나 다음 배열 요소를 조회해 나갈 때, 요소 번호에 1을 더하는 방법을 영원히 사용할 수는 없습니다. 왜냐하면 배열의 요소 개수에는 한계가 있기 때문입니다. 위의 배열 BUFFER의 경우에는 요소가 10개 뿐이므로 BUFFER[9]까지 조회할 수 있지만, BUFFER[10]이라는 요소는 존재하지 않을 것입니다.

그런데, 시작과 끝이 있는 1차원 배열의 1번째 요소와 마지막 요소를 합쳐서 '배열 마지막 요소의 다음에도 요소가 존재한다'고 만들어 버리는 자료구조가 존재합니다. 그것이 **링 버퍼**입니다. 실제로는 배열 마지막 요소의 다음에는 배열 요소가 존재하지 않지만, '배열 마지막 요소의 다음 요소를 배열 1번째 요소로 삼는다'고 정하여 1차원 배열을 사용하여 '다음 요소의 다음 요소…'를 영원히 조회할 수 있습니다. 이것이 링 버퍼의 특징입니다. 위의 예시를 가지고 설명하자면, BUFFER[9] 다음의 요소를 BUFFER[0]으로 만들어 버리는 것입니다. 이러한 구조는 아날로그 시계의 숫자판과 닮았습니다. 1시, 2시, … 11시, 12시로 차례로 증가하다가 12시 다음에는 1시로 되돌아갑니다. 시계바늘은 이러한 구조를 활용하여 시간을 영원히 가리킬 수 있습니다. 즉, 링 버퍼의 첨자는 아날로그 시계의 숫자판에 비유할 수 있습니다.

- 링 버퍼는 배열의 마지막 요소와 1번째 요소를 연결시킨 자료구조이다. 마지막 요소의 다음 요소는 배열의 1번째 요소가 된다.

제3장 자료구조

그림 1 1차원 배열에서 다음 요소 조회하기

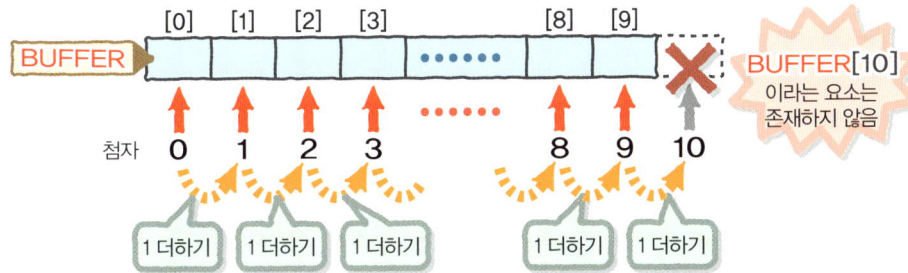

배열의 첨자는 다음, 그 다음, … 요소를 차례대로 조회할 때, 요소의 개수를 넘을 수 없다

그림 2 링 버퍼의 구조

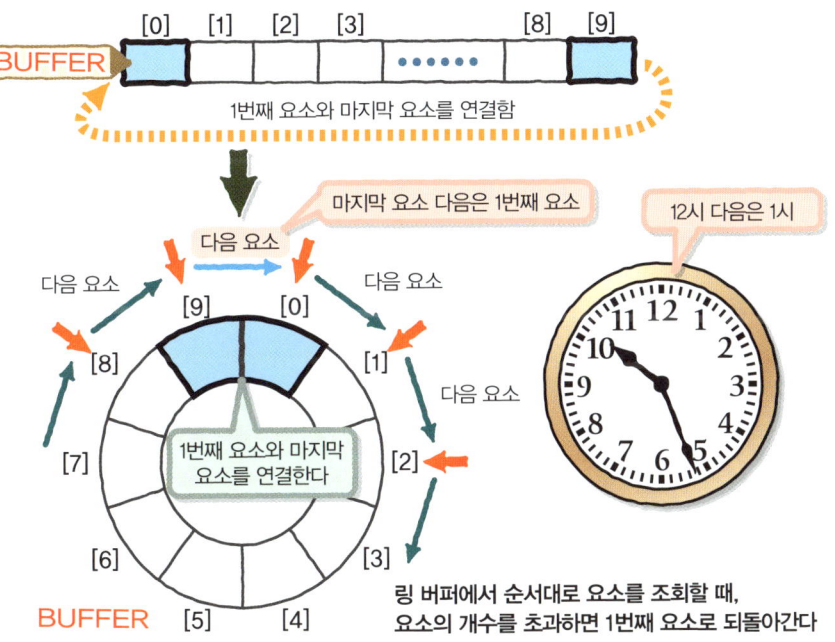

링 버퍼는 가장 오래된 데이터를 버리는 FIFO의 큐 구조를 구현할 때 유용하다
예를 들면 최근 발생한 수십 건의 정보를 유지해야 하는 휴대전화의 통화 이력 구현에 활용할 수 있다

032 부모 하나에 자식 둘이 딸린 구조인 이진 트리

단방향 리스트는 '다음 요소를 가리키는 포인터'를 사용하여 데이터를 나열시키고, 그 순서를 관리하는 자료구조입니다. 여기에서 소개하는 **이진 트리**는 '다음 요소를 가리키는 포인터'를 2개 가진 단방향 리스트의 일종이라고 할 수 있습니다. 즉, 데이터 X의 다음 요소로 L과 R, 2개의 데이터가 존재하는 자료구조입니다.

이진 트리의 구성요소들은 **노드**라고 부릅니다. 노드의 관계가 그림 1과 같을 경우, 데이터 X를 **부모 노드**, 데이터 L과 R을 **자식 노드**라고 부릅니다. 그리고 2개의 자식 노드 중 R을 '오른쪽', L을 '왼쪽'이라고 부릅니다. 이진 트리에 자식 노드가 반드시 좌우에 2개 있을 필요는 없습니다. 왼쪽 자식 노드만 있거나 오른쪽 자식 노드만 있는 경우도 있습니다. 그러나 부모 노드는 자식 노드를 3개 이상 가질 수 없습니다.

자식 노드는 부모 노드이기도 합니다. 어느 노드에게는 자식 노드였던 노드도 그 아래의 자식 노드의 기준에서 본다면 부모 노드일 것입니다. 마치 부모 하나, 자식 둘(혹은 하나)이라는 가계도를 그리듯 그림 2처럼 데이터들의 연결 관계를 관리하는 자료구조가 이진 트리(바이너리 트리)입니다.

이진 트리에서 모든 노드의 시작점인 노드, 즉 부모 노드가 없는 노드를 **뿌리** 또는 **루트 노드**라고 부릅니다. 말단 노드, 즉 자식 노드가 없는 노드는 **잎** 또는 **리프**라고 부릅니다.

또한 뿌리에서 특정한 노드에 도달하기까지의 경로의 길이는 '깊이'라고 부릅니다. 그림 3을 예로 들자면, 오렌지 색으로 색칠된 노드 6이 '뿌리', 파란색으로 색칠된 0, 5, 8, 9, 2 노드가 '잎'입니다. 그리고 노드 2의 깊이는 3이 됩니다.

- 부모 1개, 자식 2개라는 관계를 활용하여 데이터를 관리하는 것이 이진 트리이다.
- 부모 없는 노드를 '뿌리', 자식 없는 노드를 '잎'이라고 부른다.

제3장 　 자료구조

| 그림 1 | 이진 트리의 기본 단위 |

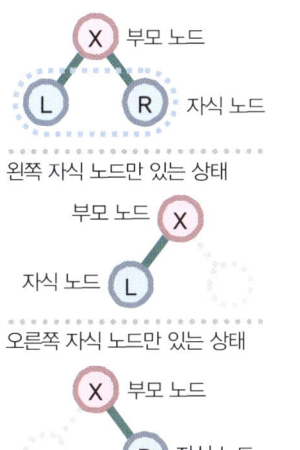

그림 2 　 이진 트리의 구조

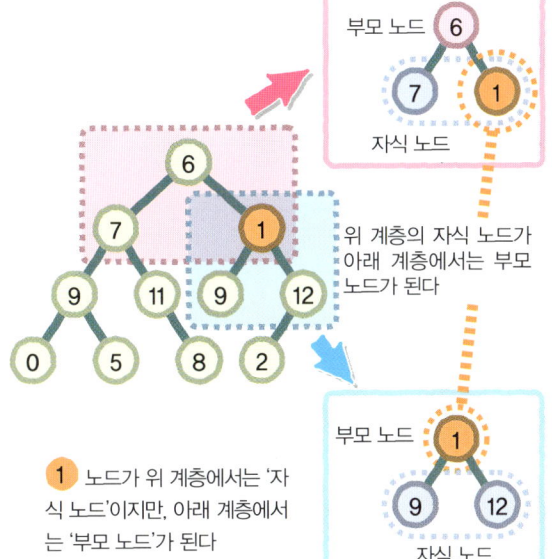

① 노드가 위 계층에서는 '자식 노드'이지만, 아래 계층에서는 '부모 노드'가 된다

그림 3 　 이진 트리의 '뿌리'와 '잎' 그리고 '깊이'

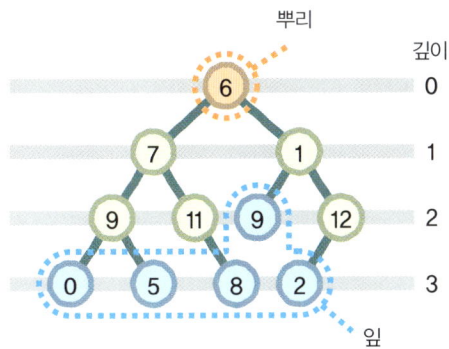

부모 없는 노드를 '뿌리'
자식 없는 노드를 '잎'이라고 부른다
또한 '뿌리'에서 특정 노드에 도달하기까지의 경로의 길이를 '깊이'라고 부른다

033 부모 노드의 값이 자식 노드의 값보다 항상 적은 이진 트리는 힙

힙이란 각 노드의 값이 다음 조건을 충족하도록 관리되는 이진 트리를 뜻합니다.

조건 : 부모 노드의 값은 항상 하위 노드의 값보다 작다.
(또는 부모 노드의 값은 항상 하위 노드의 값보다 크다.)

'부모 노드의 값은 항상 하위 노드의 값보다 작다'는 기준에 맞추어 값이 배치된 이진 트리의 예를 **그림 1**이 표현하고 있습니다. 또한 자식 노드의 값은 둘 중 어느 쪽이 크더라도 ('오른쪽 자식 노드'의 값과 '왼쪽 자식 노드' 값 중 어느쪽이 크더라도) 괜찮습니다.

위의 조건에 따라 관리되는 힙은, '뿌리' 부분에 반드시 '모든 값 중에서 가장 작은 값(또는 가장 큰 값)'이 배치됩니다. 따라서 데이터 열 중에서 '최소 값(또는 최대 값)'을 구할 때에는 '뿌리' 노드의 값을 꺼내기만 하면 됩니다. 이처럼 힙은 '최소 값(또는 최대 값)'을 효율적으로 구하는 용도에 적합합니다.

실제로 힙을 구현할 때에는 일반적으로 배열을 사용합니다. 배열 요소 번호는, 힙의 '뿌리'를 1번째 요소로, 다음은 ❶, ❷의 절차를 따라 대입합니다.

❶ '깊이'는 작은 쪽에서 큰 쪽으로
❷ 노드의 왼쪽에서 오른쪽 방향으로

그림 2는 힙을 배열로 구현한 경우의 예를 표현한 것입니다. 힙에서 관리하는 값을 배열에 저장할 때에는 위에서 아래로 저장하되, 깊이가 같다면 왼쪽에서 오른쪽으로 저장합니다. 따라서 '최소 값(또는 최대 값)'은 항상 배열의 1번째 요소에 저장되므로 쉽게 최소 값(또는 최대 값)을 검색할 수 있습니다. 새로운 데이터를 힙에 삽입하고 삭제하는 조작에 대해서는 '*059*'에서 설명하도록 하겠습니다.

- 최소 값을 구할 때 적합한 힙은 '부모 노드의 값이 항상 하위 노드의 값보다 작은 이진 트리'이다.

제3장 자료구조

그림 1 힙 구조

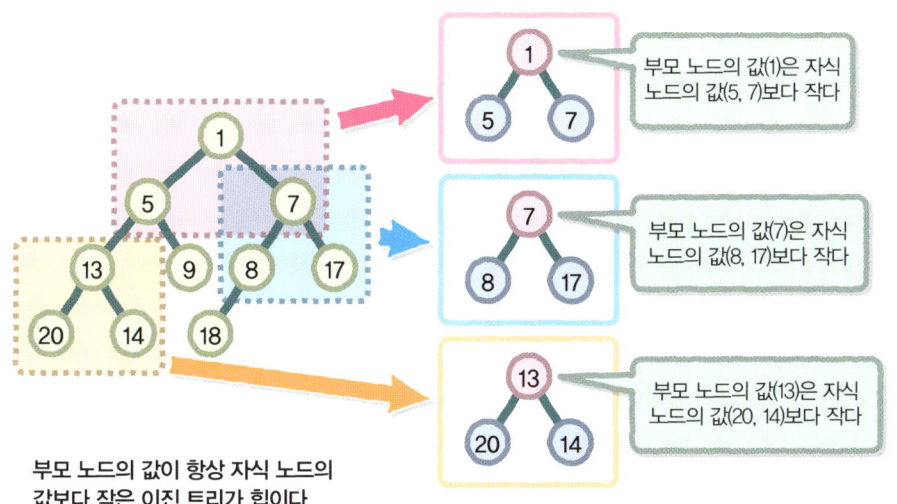

부모 노드의 값이 항상 자식 노드의 값보다 작은 이진 트리가 힙이다.

그림 2 배열을 사용한 힙의 구현

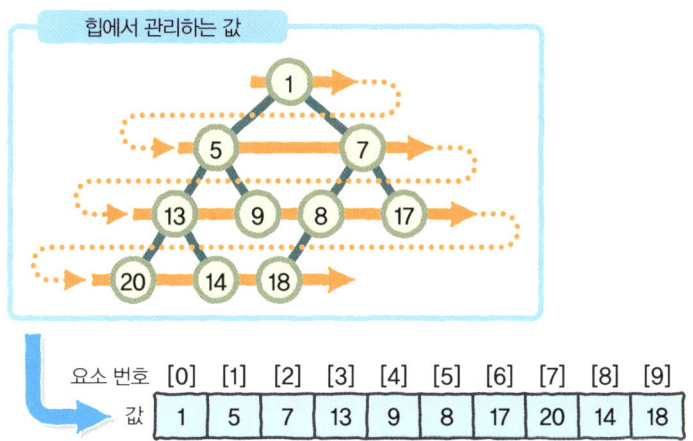

034 해시 테이블은 배열과 리스트를 조합한 자료구조

해시 테이블은
❶ N개의 요소를 가진 루트 배열이라는 이름의 배열
❷ 루트 배열의 각 요소들이 가리키는 리스트
라는 2개의 자료구조가 조합된 것입니다. 해시 테이블로 데이터를 관리하려면, 루트 배열의 각 요소들이 가리키는 리스트 중에서 어떤 리스트에 저장할지를 결정해야 하므로 루트 배열의 요소 번호부터 구해야 합니다. 그 요소 번호를 구할 때 사용하는 도구가 바로 **해시 함수**입니다. 해시 함수는 관리할 데이터를 입력 받아서, 그 데이터를 '0~(N-1)(N은 루트배열의 요소 개수)' 사이의 값으로 바꾸어 주는 함수입니다. 그 값을 **해시 값**이라고 합니다. 해시 값을 루트 배열의 요소 번호로 삼으면, 데이터를 루트 배열의 몇번째 요소가 가리키는 리스트에 저장해야 할지 결정할 수 있습니다.

데이터들이 그룹화되었으니, 각 그룹별로 데이터가 하나만 있다면 데이터 관리는 루트 배열만으로도 충분할 것 같습니다. 그러나 많은 양의 데이터를 해시 테이블로 관리하려고 하면, 같은 배열 요소에 그룹화된 데이터가 여러 개 나오는 상황이 발생하게 됩니다. 이러한 상태를 '**충돌**'이라고 합니다. 이 상황을 피하려면 각각의 그룹이 여러 개의 데이터를 관리할 수 있도록 만들어야 하기에, 루트 배열의 각 요소가 리스트를 가리키도록 만듭니다. 이렇게 하면, 해시 값이 동일한 데이터들을 여러 개 관리할 수 있습니다.

해시 테이블이 관리하는 데이터 중에서 특정한 데이터를 찾을 때에는 찾고자 하는 데이터의 해시 값부터 먼저 구해서, 찾고자 하는 데이터가 속한 그룹을 찾아냅니다. 그 후에 해당 그룹의 리스트 안의 데이터만 순서대로 검색하면, 원하는 데이터를 찾아낼 수 있습니다.

- 해시 함수에 데이터를 입력해서 구한 값이 루트 배열의 요소 번호가 된다.

제3장 자료구조

그림 1 해시 테이블에 데이터 추가하기

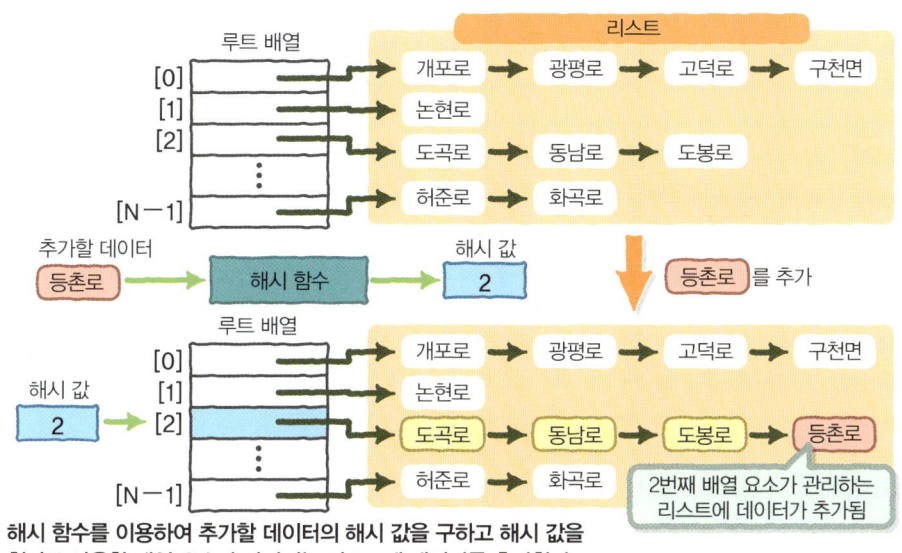

해시 함수를 이용하여 추가할 데이터의 해시 값을 구하고 해시 값을 첨자로 사용한 배열 요소가 가리키는 리스트에 데이터를 추가한다

그림 2 해시 테이블을 이용한 데이터 찾기(검색)

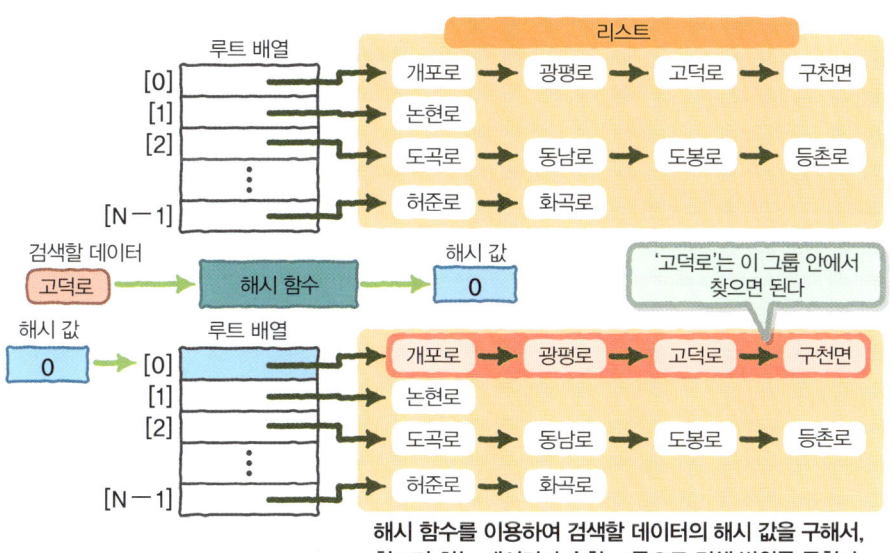

해시 함수를 이용하여 검색할 데이터의 해시 값을 구해서, 찾고자 하는 데이터가 속한 그룹으로 검색 범위를 좁힌다

용어 해설

해시 함수 ➜ 가장 간단한 해시 함수는, 저장할 데이터가 숫자일 경우 데이터를 해시 테이블의 요소 수로 나눈 나머지를 반환하는 것

035 정점과 간선으로 항목들의 관계를 그림으로 표현한 것이 그래프

그래프는 2개 이상의 항목이 어떤 관계를 맺고 있는지에 주목하고 그 관계를 그림으로 표현한 것입니다. 그래프에서는 표현하는 항목을 **정점(노드)**라고 부르고, 각 항목들의 관계를 표현하는 선을 **간선(Edge)**이라고 부릅니다.

강으로 나뉘어 있지만 다리를 건너면 왕래할 수 있는 마을이 여러 개 있다고 가정해 보겠습니다. 마을들을 '정점', 다리의 경로를 '간선'으로 표현하면 그림 1이 그려집니다.

A마을에는 3개의 다리가 있고, 각각 B마을, D마을, E마을에 갈 수 있습니다. 그것이 그래프에서는 정점 A가 3개의 간선을 통해 정점 B, D, E와 연결되는 것으로 표현됩니다. 또한 B마을과 C마을을 잇는 2개의 다리를 그래프에서는 정점 B와 정점 C를 잇는 2개의 간선으로 연결해서 표현하고 있습니다. 또한 A마을에서 C마을로 가려면 반드시 다른 도시를 경유해야 합니다. 이러한 내용을 그래프에서는 정점 A와 정점 C를 연결하는 간선이 없다고 표현합니다. 그리고 D마을에서 B마을로는 직접 갈 수 없고 A마을을 경유하거나 E마을을 경유해야 합니다. 이 또한 그래프에서는 정점 D와 정점 B가 간선으로 직접 연결되어 있지 않고, 반드시 정점 A 또는 정점 E를 경유해야 정점 B에 도착할 수 있다고 표현할 수 있습니다.

'그래프'의 '간선'에는 방향성이라는 특성을 부여할 수 있습니다. 이러한 그래프를 **방향있는 그래프**라고 부릅니다. 또한 방향성이 없는 '간선'을 **방향없는 그래프**라고 부릅니다. 예를 들어, 마을과 마을을 연결하는 다리가 일방통행이라면 방향있는 그래프로 표현할 수 있습니다(그림 2). 이 경우에 정점 D에서 정점 B로 이동하려면, 경로가 D → E → A → B 뿐임을 알 수 있습니다. 또한 '간선'에 '가중치(비용)'가 붙어있는 그래프는 '가중 그래프'라고 부릅니다. 예를 들어, 각 다리를 건널 때 통행료가 필요하다면 통행료가 각 간선의 가중치가 됩니다(그림 3).

- 그래프란 '정점(노드)'과 '간선(Edge)'으로 데이터의 연결 관계를 표현하는 자료구조이다.

그림 1 '정점(노드)'와 '간선(Edge)'으로 구성되는 그래프

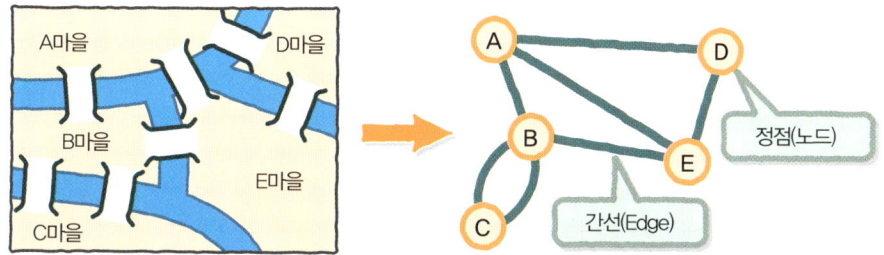

그래프는 '정점(노드)'과 '간선(Edge)'으로 데이터의 연결 관계를 표현한다

그림 2 방향있는 그래프

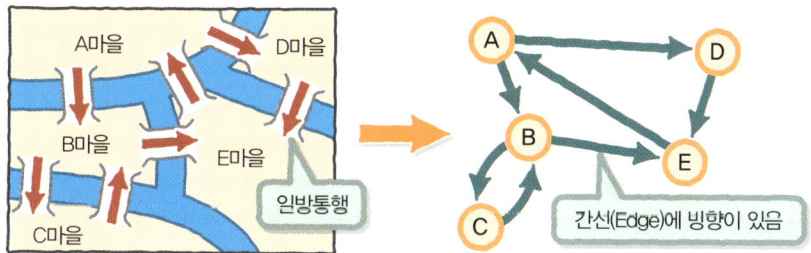

'간선'에 방향성이라는 특성을 부여한 그래프를 방향있는 그래프라고 부른다

그림 3 가중 그래프

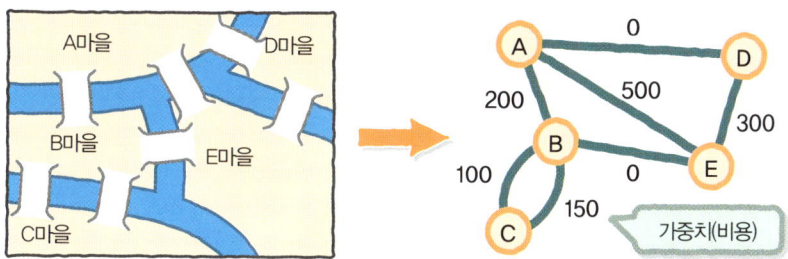

'간선'에 '가중치(비용)'라는 특성을 부여한 그래프를 가중 그래프라고 부른다

용어 해설

그래프 이론 ➡ '정점'의 집합과 '간선'의 집합으로 구성된 그래프의 성질을 연구하는 학문

COLUMN

BASE를 0으로? BASE를 1로?

배열 1번째 요소의 번호가 0부터 시작하는 케이스와 1부터 시작하는 케이스가 있음을 앞서 설명해 드린 바 있습니다. 왜 2개의 케이스가 존재할까요? 이는 1번째 요소의 번호를 0으로 정한 프로그래밍 언어와 1로 정한 프로그래밍 언어가 존재하기 때문입니다.

컴퓨터 개발 초창기의 프로그래밍에 자주 사용되던 언어들,

- Fortran   • Pascal   • Basic(초기형)

에서는 배열의 1번째 요소 번호를 1로 정한 알고리즘을 고안했습니다.

그러나 그 후에 주류가 되어서 지금도 널리 이용되는 프로그래밍 언어들,

- C   • C++   • Java   • C#   • VisualBasic(BASIC)

에서는 배열의 1번째 요소 번호를 0으로 정하는 사양을 채택했습니다. 따라서 현재는 배열의 1번째 요소 번호를 0으로 정하고 알고리즘을 작성하는 것이 일반적입니다.

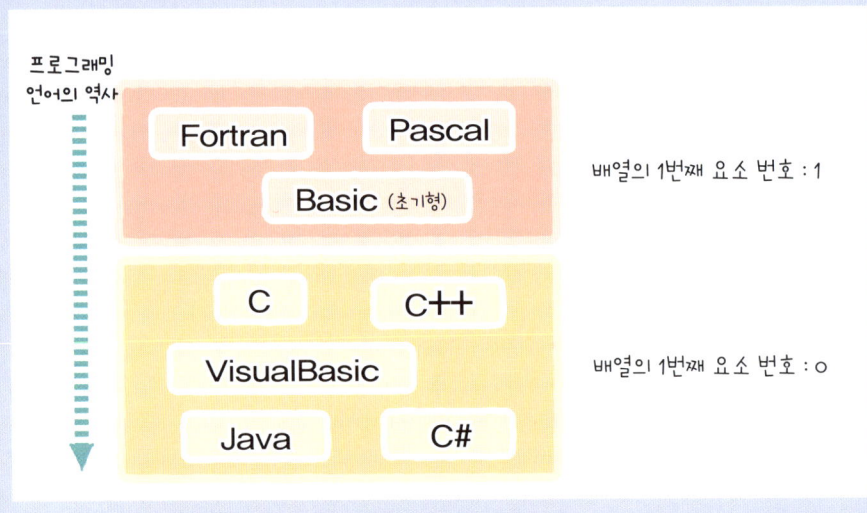

기본적인 알고리즘

이 장에서는 알고리즘의 기초 중 기초라고 할 수 있는,
배열을 사용한 반복 처리 알고리즘을 소개합니다.
또한 시간과 관련된 알고리즘, 변수 값의 교체, 최대공약수 구하기 등의
기본적인 알고리즘에 대해서도 설명합니다.

036 1 ~ N의 합을 구하려면 반복 처리한다

1 ~ 2의 합은 1 + 2를 계산하면 구할 수 있습니다.
1 ~ 3의 합은 1 + 2 + 3을 계산하면 구할 수 있습니다.
1 ~ 4, 1 ~ 5, … 역시 마찬가지이므로 그 합은 다음과 같은 방법으로 구할 수 있습니다.

    1 ~ 2의 합은, 1 + 2
    1 ~ 3의 합은, 1 + 2 + 3
    1 ~ 4의 합은, 1 + 2 + 3 + 4
    1 ~ 5의 합은, 1 + 2 + 3 + 4 + 5
        ⋮

여기서 패턴이 발견되었으므로, 위의 합을 구하는 처리들을 1 ~ N의 합을 구하는 처리로 일반화시킵니다. 그것이 '숫자 1부터 어디까지의 합을 구한다'는 과제의 문제 해결 프로세스(알고리즘)가 됩니다.

1 ~ N의 합은 다음의 계산식으로 구할 수 있습니다.

    1 + 2 + 3 + …… + (N − 1) + N

이 계산식의 답(합계)은 다음과 같이 **반복 처리**를 통해 구할 수 있습니다.

1 단계: 합계를 저장하는 변수 SUM을 0으로 초기화한다.
2 단계: 합계에 더할 값을 저장하는 변수 VALUE에 1을 저장한다.
3 단계: VALUE가 N 이하인 동안에 다음의 **4 단계 ~ 5 단계**를 반복한다.
4 단계: SUM + VALUE를 계산해서, 그 값을 SUM에 대입한다.
5 단계: VALUE 값을 1 증가시킨다.

- 0으로 초기화된 변수 SUM에 1 ~ N 값을 차례대로 더해서 합계를 구한다.

그림 1 1 ~ 5의 합계를 구하는 모습

단계	처리	SUM	VALUE	N
1	SUM=0	0		5
2	VALUE=1	0	1	5
3	VALUE≤N인가? → Yes(반복)	0	1	5
4	SUM=SUM+VALUE	1	1	5
5	VALUE=VALUE+1	1	2	5
3	VALUE≤N인가? → Yes(반복)	1	2	5
4	SUM=SUM+VALUE	3	2	5
5	VALUE=VALUE+1	3	3	5
3	VALUE≤N인가? → Yes(반복)	3	3	5
4	SUM=SUM+VALUE	6	3	5
5	VALUE=VALUE+1	6	4	5
3	VALUE≤N인가? → Yes(반복)	6	4	5
4	SUM=SUM+VALUE	10	4	5
5	VALUE=VALUE+1	10	5	5
3	VALUE≤N인가? → Yes(반복)	10	5	5
4	SUM=SUM+VALUE	15	5	5
5	VALUE=VALUE+1	15	6	5
3	VALUE≤N인가? → No(종료)	15	6	5
		15		

VALUE≤5일 동안에 반복 처리한다
VALUE=6이 되었을 때 반복 처리를 종료하면,
그 때의 SUM의 값이 1 ~ 5의 합이 된다

합계
1+2+3+4+5

N의 값이 100이더라도 1,000이더라도 10,000이 되더라도, 이 알고리즘이라면 올바른 합을 구할 수 있어!

037 수열의 값을 유지하려면 배열을 사용한다

(1, 2, 3, 4, …)처럼 나열된 정수 열, (1, 3, 5, 7, …)처럼 나열된 홀수 열, (2, 4, 6, 8, …)처럼 나열된 짝수 열, (1, 2, 4, 8, 16, 32, …)처럼 나열된 2의 n승(2^n) 열 등 다양한 수열의 값을 유지하려면 **배열**을 이용하는 것이 가장 간단한 방법입니다. 여기서는 피보나치 수열을 배열에 저장하고 유지하는 알고리즘을 예로 설명합니다.

피보나치 수열이란, n번째(n ≥ 0)의 값을 F_n이라고 했을 때,

$F_0 = 0$

$F_1 = 1$

$F_{n+2} = F_n + F_{n+1}$ (n ≥ 0)

이 되는 수열을 뜻합니다. 이 식은 1번째 값이 0, 2번째 값이 1, 3번째 이후의 값은 그 값의 바로 이전 값과 2칸 이전 값을 더한 것이라는 뜻입니다. 구체적으로는,

0, 1, 1, 2, 3, 5, 8, 13, 21, 34, 55, 89, 144, 233, 377, 610, 987, …

이 됩니다.

1번째 요소에서부터 N개(N ≥ 2)의 피보나치 수열을 배열 F에 저장하는 알고리즘은 아래와 같습니다.

1 단계 : F[0]에 0을, F[1]에 1을 대입한다.
2 단계 : 변수 I에 2를 대입한다.
4 단계 : F[4]=F[2]+F[3]
3 단계 : I가 N 미만인 동안, 아래의 4 ~ 5 단계를 반복한다.
4 단계 : F[I]에 F[I−2]+F[I−1]을 대입한다.
5 단계 : I의 값을 1 더한다.

- 피보나치 수열은 1번째 요소의 값에 0을, 2번째 요소에 1을, 3번째 이후의 값은 앞의 2칸의 합을 배열에 순서대로 저장해서 구한다.

그림 1 피보나치 수열(N = 8)을 구하는 모습

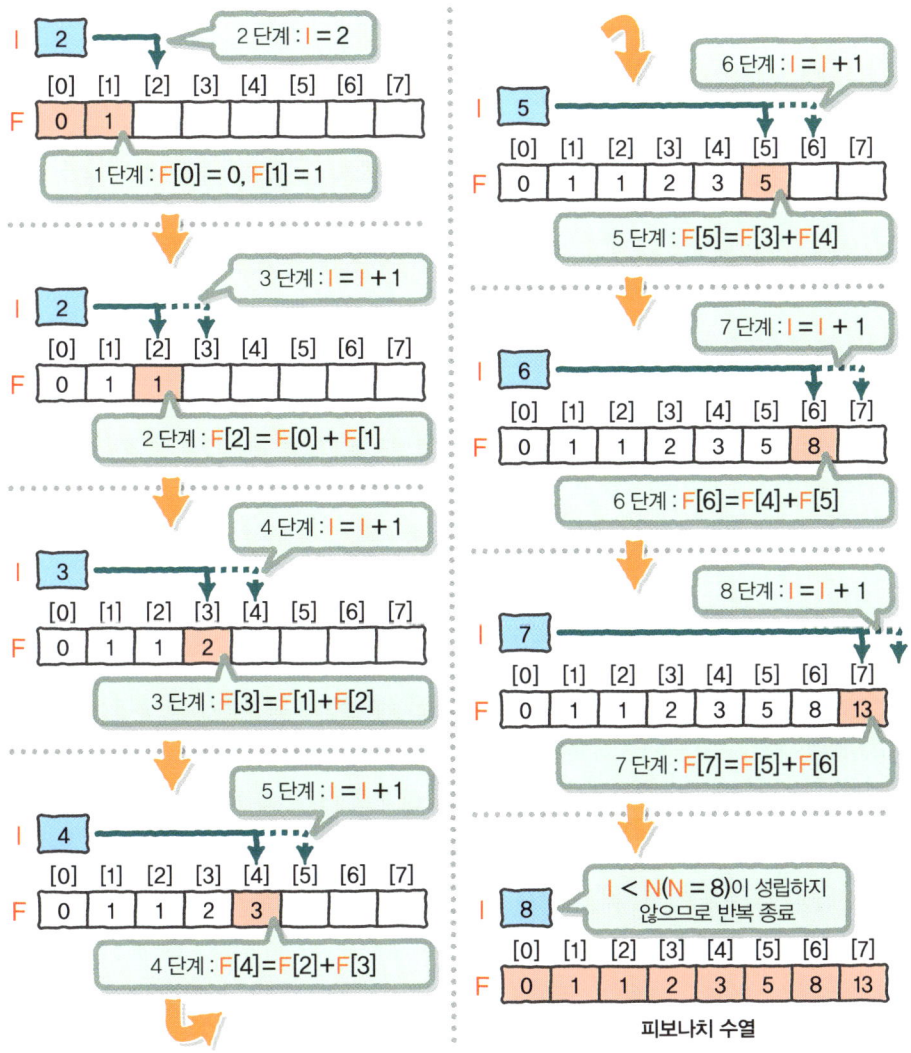

I < 8인 동안 4 단계와 5 단계를 반복하고, I = 8일 때 반복 처리를 끝낸다
배열 F[0] ~ F[7]이 피보나치 수열의 값이 된다

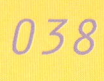

038 배열 데이터의 합을 계산하려면 더한 값을 저장할 변수를 준비한다

아래와 같이 여러 개의 데이터의 합을 구하는 처리는, 숫자를 다룰 때 가장 흔하게 이용되는 처리 중 하나입니다.

- 시험 점수의 총합 계산하기
- 일일 입장객의 수를 통해 해당 월의 전체 입장객 수 구하기
- 각 지점의 매출액을 합하여 전 지점의 매출액 구하기

이러한 상황에서는 배열 데이터의 합계를 구하는 알고리즘이 유용하게 사용됩니다.

배열 DATA에 저장된 N개의 데이터의 합을 구하기 위하여, 먼저 구체적인 데이터의 개수 (2, 3, 4, …개)의 합을 구해 보겠습니다.

데이터 2개의 합은 DATA[0] + DATA[1]

데이터 3개의 합은 DATA[0] + DATA[1] + DATA[2]

데이터 4개의 합은 DATA[0] + DATA[1] + DATA[2] + DATA[3]

⋮

이 됩니다. 이러한 패턴을 통해, 데이터 N개의 합을 구하는 계산식을 만들 수 있습니다.

DATA[0] + DATA[1] + DATA[2] + …… + DATA[N − 1]

이 계산식의 답(합계)은 아래와 같은 **반복 처리**를 통해 구할 수 있습니다.

1 단계 : 합계를 저장하는 변수 SUM을 0으로 초기화한다.
2 단계 : 합계에 더하는 배열 요소를 가리키는 첨자를 저장하는 변수 I를 0으로 초기화시킨다.
3 단계 : I가 N 미만이라면 다음 4 ~ 5 **단계**를 반복한다.
4 단계 : SUM + DATA[I]를 계산하여 그 값을 SUM에 대입한다.
5 단계 : I의 값에 1을 더한다.

- 배열 요소의 합을 구하는 변수 SUM을 준비하고 0으로 초기화시킨다.
- 반복 처리 중에 차례대로 더해지는 요소의 값을 구한다.

제4장 기본적인 알고리즘

그림 1 배열 요소의 합을 구하는 모습

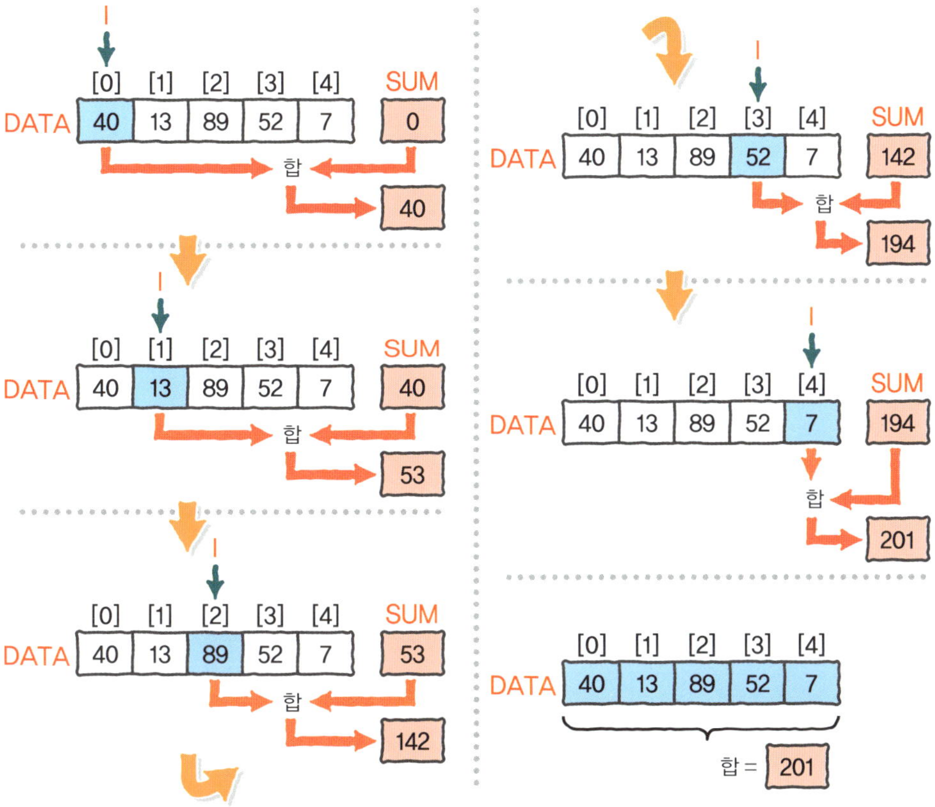

I는 0에서 4까지 1씩 증가하므로, SUM = SUM + DATA[I]에 의해 DATA[0] ~ DATA[4]의 모든 값이 SUM에 더해지게 됨

반복 처리로 계산 순서를 일반화시키면, 데이터의 개수가 많아져도 동일한 알고리즘으로 답을 구할 수 있구나

039 배열 안의 요소의 개수를 구하려면 카운터를 준비한다

배열 데이터의 요소 개수는 ① 미리 고정 값으로 정하는 케이스, ② 다른 변수로 관리하는 케이스, ③ 배열 마지막 요소의 끝에 **보초 값**을 저장해서 관리하는 케이스가 있습니다. 여기서는 보초 값으로 배열의 마지막 요소를 관리하는 배열에서 요소의 개수를 구하는 알고리즘을 설명합니다.

보초 값은 배열 안에 존재할 수 없는 값을 배열 끝에 배치해서 '데이터의 끝'을 표시하기 위한 장치입니다. 예를 들어 시험 점수의 범위가 0 ~ 100점까지라면, −1이나 999 등을 보초 값으로 사용할 수 있습니다.

지금부터 어떤 시험에 응시한 모든 학생의 점수가 저장된 배열 JUM이 있고, 배열 JUM의 끝에 보초 값 '−1'을 저장하여 응시자 수를 관리한다고 가정해 보겠습니다. 이때, 응시자 수를 구하는 알고리즘을 생각해 보겠습니다.

예를 들자면 응시자가 5명일 경우에는 JUM[5]에 −1이 저장되고, 응시자가 100명일 경우에는 JUM[100]에 −1이 저장되는 식입니다(JUM[0]에 1번째 점수를 저장함).

이러한 경우, 요소의 개수를 세는 변수 COUNT를 이용하여 다음과 같이 반복 처리하면 배열 안 요소의 개수를 구할 수 있습니다.

1 단계: 요소의 개수를 센다(카운터). 변수 COUNT를 0으로 초기화시킨다.
2 단계: 요소의 값을 가리키기 위한 첨자를 저장하는 변수 I를 0으로 초기화시킨다.
3 단계: JUM[I]가 보초 값(−1)을 가리키지 않는 동안, 다음의 4 ~ 5 **단계**를 반복한다.
4 단계: COUNT 값에 1을 더한다.
5 단계: I 값에 1을 더한다.

- 데이터의 개수를 세는 변수 COUNT를 준비하고 0으로 초기화시킨다.
- 배열 요소가 '보초 값'이 아닐 동안 변수 COUNT를 카운트 업 한다.

제4장 기본적인 알고리즘

그림 1 배열 JUM안에서 요소의 개수를 구하는 모습

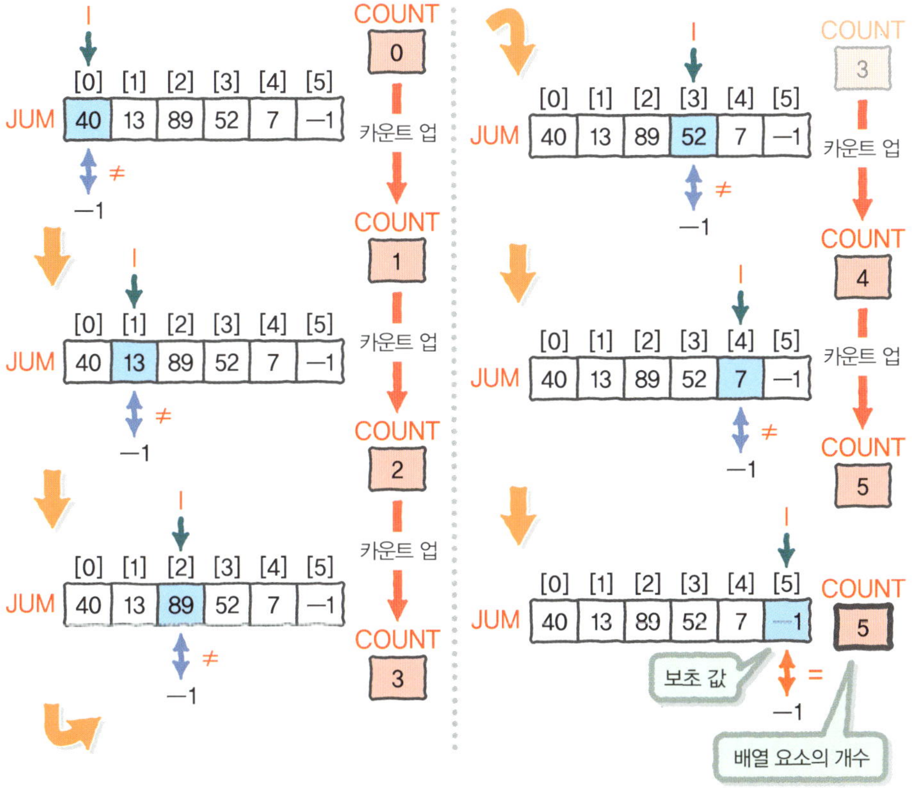

I가 0 ~ 4 사이에 있을 때는 JUM[I]가 보초 값(-1)이 아니므로, COUNT에 1을 더한다(카운트 업)
I가 5일 때, JUM[I]은 보초 값이므로 반복을 종료한다

보초 값은 '이제 더 이상 데이터가 없어. 멈춰! 멈춰!'라고 경고하는 역할을 담당하고 있군요

040 배열 데이터의 평균 값은 반복 처리를 통해 합계와 개수를 구한 후 계산한다

여기서는 배열의 끝에 저장된 보초 값으로 배열 안의 데이터 개수를 관리하는 배열의 데이터의 합과 데이터 개수를 구한 다음, '평균'을 구하는 알고리즘을 설명하겠습니다.

어떤 학급의 기말시험 점수(0 ~ 100)가 저장된 배열 JUM이 있고, 배열의 끝에는 보초 값 '-1'이 저장되어 있다고 가정하겠습니다. 이때, 평균 값을 구하는 알고리즘을 생각해 보겠습니다. 평균 값은 '총점÷학급의 인원 수'로 구할 수 있습니다. 따라서 배열 JUM의 데이터들을 조사하여 총점(배열 안의 유효 요소 값의 합계)과 학급의 인원 수(배열 안의 유효한 요소의 개수)를 구하면 됩니다. 따라서

- 유효한 요소의 개수를 세는 변수 COUNT
- 배열 요소의 합계 값을 저장하는 변수 SUM

을 준비하고, 각각 0으로 초기화시킵니다. 그리고 보초 값이 나타나기 전까지 배열 안의 각 요소의 값을 1번째 요소부터 차례대로 SUM에 누적시킵니다. 동시에 변수 COUNT에 1을 더합니다(1을 더하는 작업을 '증가'라고 부름). 마지막으로 SUM÷COUNT를 계산하여 평균 값을 구합니다. 또한, 데이터가 적어도 1개는 존재한다고 가정합니다.

1 단계: 요소 수를 센다(카운터). 변수 COUNT와 합계를 저장하는 변수 SUM을 0으로 초기화시킨다.
2 단계: 배열 JUM의 첨자를 저장하는 변수 I를 0으로 초기화시킨다.
3 단계: JUM[I]이 보초 값(-1)을 가리키지 않는 동안, 다음의 **4 ~ 5 단계**를 반복한다.
4 단계: COUNT에 1을 더하고 SUM에 SUM+JUM[I]를 저장한다.
5 단계: I에 1을 더한다.
6 단계: 평균 값을 저장하는 변수 AVE에 SUM÷COUNT의 계산 값을 대입한다.

- '보초 값'을 찾을 때까지 COUNT(데이터 수)와 SUM(합계)을 계산하고, 마지막으로 SUM÷COUNT를 계산하여 평균을 구한다.

그림 1   배열 JUM의 평균을 구하는 모습

	[0]	[1]	[2]	[3]	[4]
JUM	40	13	89	52	−1

단계	처리	COUNT	SUM	I	JUM[I]
1	COUNT=0, SUM=0	0	0		
2	I=0	0	0	0	
3	JUM[I]=−1인가? → No(반복)	0	0	0	40
4	COUNT=COUNT+1, SUM=SUM+JUM[I]	1	40	0	40
5	I=I+1	1	40	1	
3	JUM[I]=−1인가? → No(반복)	1	40	1	13
4	COUNT=COUNT+1, SUM=SUM+JUM[I]	2	53	1	13
5	I=I+1	2	53	2	
3	JUM[I]=−1인가? → No(반복)	2	53	2	89
4	COUNT=COUNT+1, SUM=SUM+JUM[I]	3	142	2	89
5	I=I+1	3	142	3	
3	JUM[I]=−1인가? → No(반복)	3	142	3	52
4	COUNT=COUNT+1, SUM=SUM+JUM[I]	4	194	3	52
5	I=I+1	4	194	4	
3	JUM[I]=−1인가? → Yes(종료)	4	194	4	−1 → AVE
6	AVE=SUM÷COUNT	4	194		48.5

반복 처리(4 단계)를 통해 변수 COUNT를 카운트 업, 변수 SUM에 배열 요소의 값을 더하고, 마지막으로 SUM÷COUNT를 통해 평균 값(AVE)을 구한다

평균 값

반복 처리 하나로 데이터의 합계와 개수를 동시에 구할 수 있구나

041 배열 데이터의 최대 값을 구하려면 최대 값을 저장할 변수를 준비한다

여러 개의 데이터 중에서 최대 값을 구하는 처리 역시, 숫자를 다루는 상황에서 자주 사용되는 처리 중 하나입니다.

- 최고 점수 구하기
- 일일 입장객의 수 중, 최대 입장객 수 구하기
- 각 지점의 매출 금액 중, 가장 큰 금액 구하기

최대 값을 구하는 알고리즘에서는 최대 값을 저장하는 변수를 준비합니다. 여기에서는 그 변수를 MAX라고 합니다. 그리고 그 MAX는 최대 값을 구할 데이터에서 가장 작은 값보다도 더 작은 값으로 초기화시킵니다. 예를 들어, 대상 데이터의 범위가 0 ~ 100 사이라고 한다면 MAX의 초기 값은 0보다 작은 값으로 합니다. 0보다 작은 값이라면, -1, -2나 -999도 좋습니다. 그리고 배열의 1번째 데이터부터 차례대로 배열 요소의 값과 MAX 값을 비교하여

[배열 요소의 값 > MAX]일 경우, MAX에 배열 요소의 값을 대입

합니다. 모든 배열 요소를 비교한 후에는 MAX에 최대 값이 저장되어 있을 것입니다.

아래에 N개의 요소를 가진 배열 JUM에 0 ~ 100 범위의 값이 저장되어 있을 경우의 최대 값을 구하는 순서를 설명하겠습니다.

1 단계 : 최대 값을 저장하는 변수 MAX를 대상 데이터들의 최소 값보다 작은 값으로 초기화시킨다.

2 단계 : 첨자를 저장하는 변수 I를 0으로 초기화시킨다.

3 단계 : I가 N 미만이라면 **4 ~ 5 단계**를 반복한다.

4 단계 : JUM[I] > MAX라면, MAX에 JUM[I]를 대입한다.

5 단계 : I를 1 증가시킨다.

- 변수 MAX를 비교할 데이터들보다도 작은 값으로 초기화시킨다.
- [배열 요소의 값 > MAX]이면, MAX에 배열 요소의 값을 대입한다.

제4장 | 기본적인 알고리즘

그림 1 배열 JUM의 최대 값을 구하는 모습

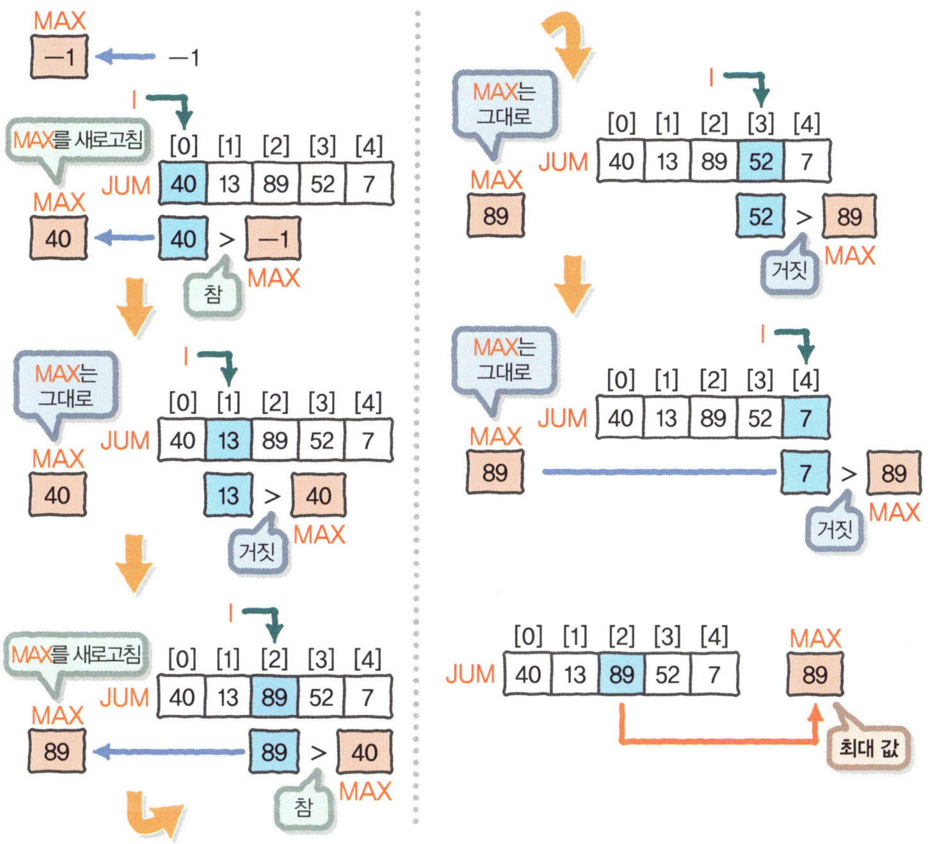

최대 값을 구할 데이터들 중에서 최소 값보다도 작은 값인 -1로 MAX를 초기화시킨 후, MAX와 배열 요소들의 값을 차례대로 비교하여 JUM[I] > MAX일 때, MAX에 JUM[I]을 대입하면 MAX에 최대 값이 저장된다

최대 값을 구하기에 앞서서, 최대 값을 저장시킬 변수에 비교할 값들보다도 작은 값을 넣어 두는것이 중요하구나

042 배열 데이터의 최소 값을 구하려면 최소 값을 저장할 변수를 준비한다

여러 개의 데이터 중에서 최소 값을 구하는 처리 또한 자주 사용되는 처리 중 하나입니다. 최소 값을 구하는 알고리즘은 최대 값을 구하는 알고리즘과 매우 유사하지만, 다음과 같은 차이점이 있습니다.

- 최소 값을 저장하는 변수의 초기 값
- 배열 요소와의 비교 논리

우선 최소 값을 저장할 변수를 준비합니다. 여기서는 그 변수를 MIN이라고 하겠습니다. 그리고 그 MIN은 최소 값을 구할 데이터 중에서 가장 큰 값보다도 더 큰 값으로 초기화시킵니다. 예를 들어 대상 데이터의 범위가 0 ~ 100 사이라고 한다면, MIN의 초기 값은 100보다 큰 값으로 합니다. 100보다 큰 값이라면 101이나 999도 좋습니다. 그리고 배열의 1번째 데이터부터 차례대로 배열 요소의 값과 MIN 값을 비교하여

[배열 요소의 값 < MIN]일 경우, MIN에 배열 요소의 값을 대입

합니다. 그렇게 모든 배열 요소를 비교한 후에는 MIN에 최소 값이 저장되어 있을 것입니다.

아래에 N개의 요소를 가진 배열 JUM에 0 ~ 100 범위의 값이 저장되어 있을 경우의 최소 값을 구하는 순서를 설명하겠습니다.

1 단계 : 최소 값을 저장하는 변수 MIN을 대상 데이터들의 최대 값보다 큰 값으로 초기화시킨다.
2 단계 : 첨자를 저장하는 변수 I를 0으로 초기화시킨다.
3 단계 : I가 N 미만이라면 **4 ~ 5 단계**를 반복한다.
4 단계 : JUM[I] < MIM이라면, MIN에 JUM[I]를 대입한다.
5 단계 : I를 1 증가시킨다.

- 변수 MIN을 비교할 데이터들보다도 큰 값으로 초기화시킨다.
- [배열 요소의 값 < MIN]이면 MIN에 배열 요소의 값을 대입한다.

제4장 기본적인 알고리즘

그림 1 배열 JUM의 최소 값을 구하는 모습

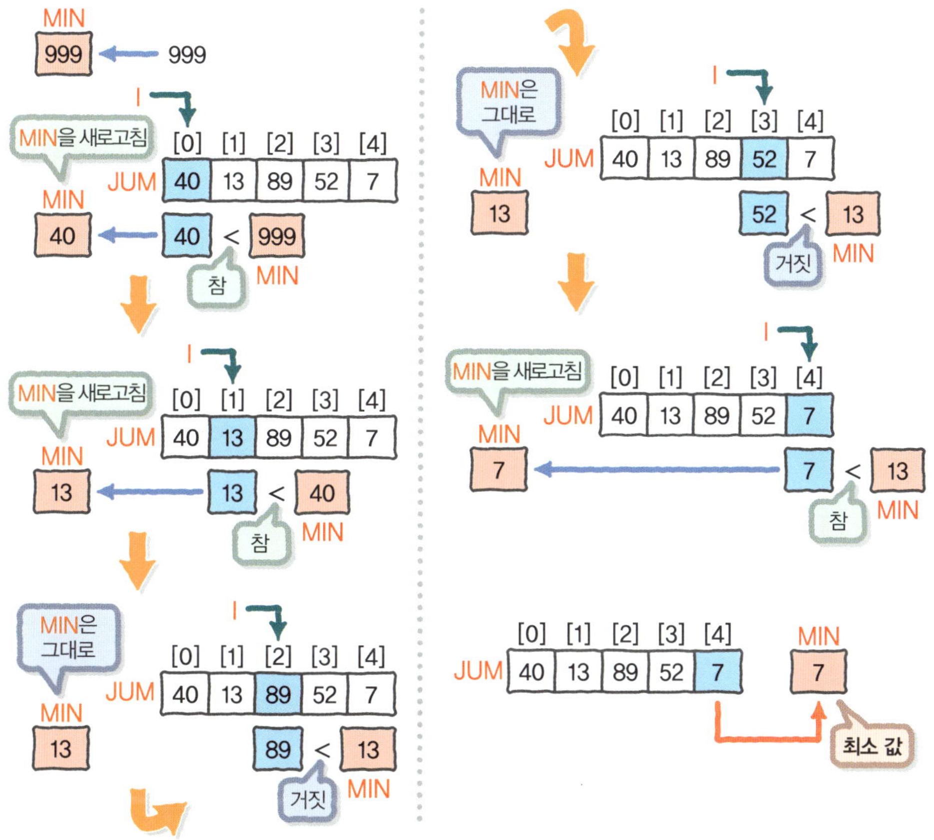

최소 값을 구할 데이터들 중에서 가장 큰 값 보다도 큰 값인 999로 MIN을 초기화시킨 후, MIN과 배열 요소들의 값을 차례대로 비교하여 JUM[i] < MIN일 때 MIN에 JUM[i]을 대입하면 MIN에 최소 값이 저장된다

최소 값을 구할 때에는 최소 값을 저장할 변수에 비교할 값들보다도 큰 값을 넣어 둔다는 점이 최대 값을 구할 때와 다른 점이구나

043 배열 데이터에 등수를 매기려면 순위를 저장할 또 다른 배열을 준비한다

여러 개의 데이터들을 값이 큰 순서(혹은 작은 순서)대로 등수를 매기는 알고리즘을 생각해 보겠습니다. 예를 들어, 5명의 시험 점수가 40점, 13점, 89점, 52점, 7점이라고 했을 때의 등수는(점수가 높은 순) 3등, 4등, 1등, 2등, 5등이 됩니다.

데이터가 저장된 배열이 있을 때 배열 안 데이터들의 등수를 매기고자 한다면, 데이터가 저장된 배열과 똑같은 크기의 배열을 하나 더 준비합니다. 그리고 2개의 배열을 나란히 세운 다음, 새로운 배열에 데이터들의 등수를 저장합니다.

예를 들어 등수를 구하려는 데이터가 저장된 배열을 JUM, 순위를 저장할 배열을 RANK라고 했을 때, JUM[0]의 등수는 RANK[0]에 저장하고 JUM[1]의 등수는 RANK[1]에 저장하는 식입니다. 즉 동일한 요소 번호가 가리키는 위치에 데이터의 등수를 저장합니다.

다음은 N개의 요소가 저장된 배열 JUM에 저장되어 있는 값을, 값이 큰 순으로 등수를 구해서, 배열 RANK에 저장하는 방법을 설명합니다.

1 단계 : 배열 RANK의 모든 요소를 1로 초기화시킨다.
2 단계 : 첨자를 저장하는 변수 I에 0을 저장한다.
3 단계 : I이 N 미만이라면 4 ~ 8 단계를 반복한다.
4 단계 : 첨자를 저장하는 변수 J를 0으로 초기화시킨다.
5 단계 : J가 N 미만이라면, 아래의 6 ~ 7 단계를 반복한다.
6 단계 : JUM[I] < JUM[J]이라면, RANK[I]를 1 증가시킨다.
7 단계 : J를 1 증가시킨다.
8 단계 : I에 1을 증가시킨다.

- 1로 초기화된 배열을 준비하고, 데이터가 저장된 모든 배열 요소와 다른 배열 요소들의 값을 비교한다. 작다면 1을 증가시켜서 등수를 구한다.

제4장 기본적인 알고리즘

그림 1 요소가 5개 저장된 배열 JUM의 등수를 구하는 모습

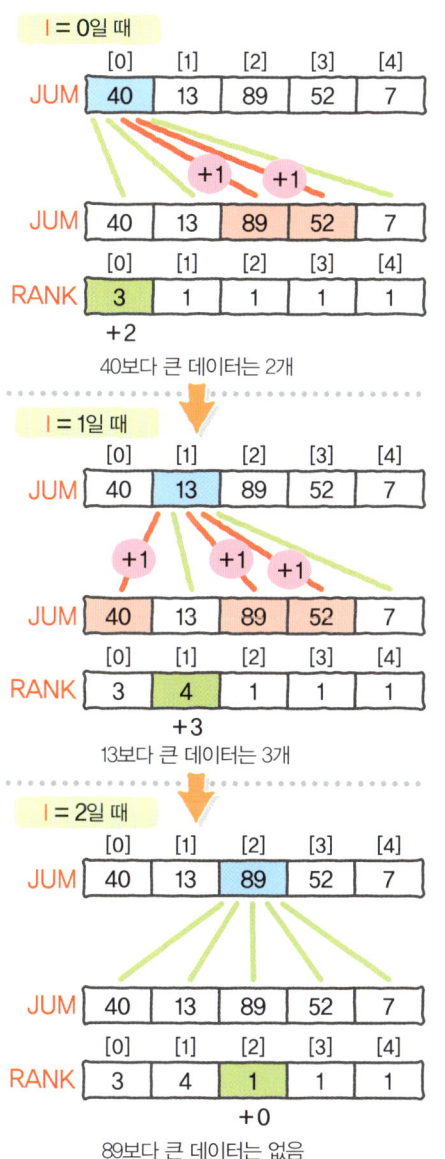

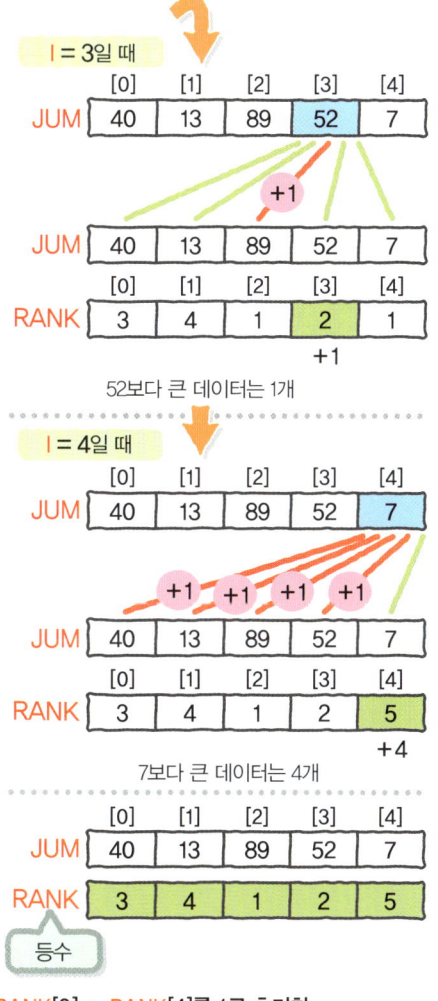

RANK[0] ~ RANK[4]를 1로 초기화,
JUM[I](I는 0~4)과 JUM[J](J는 0~4)와 비교하여
JUM[I] < JUM[J]일 때 RANK[I]을 1 증가시키면,
마지막에 RANK[0] ~ RANK[4]에 등수가 저장된다

044 시간의 크고 작음을 비교하려면 단위를 초 단위로 통일한다

24시간 형식으로 '시 분 초'가 표현된 2개의 시간의 크고 작음을 가려야 할 경우를 생각해 보도록 하겠습니다. 사람이 시간의 크고 작음을 판단한다면 시 → 분 → 초의 순서대로 숫자를 비교해 갑니다. 그 결과, 값이 큰 쪽을 보다 큰 시간으로 판단할 것입니다. 예를 들어 6시 32분 12초(이하 A)와 7시 10분 52초(이하 B)를 비교한다면, 먼저 '시간'을 비교합니다. 6 < 7이므로 (B)쪽이 큰 시간임을 알 수 있습니다. 또한 14시 20분 50초(이하 C)와 14시 20분 35초(이하 D)를 비교한다면, 먼저 '시간'을 비교합니다. 14 = 14, 동일한 값입니다. 이어서 '분'을 비교합니다 20 = 20 이것도 동일한 값입니다. 마지막으로 '초'를 비교합니다. 50 > 35이므로 (C)쪽이 큰 시간임을 알아냈습니다. 물론 컴퓨터는 이 절차를 알고리즘으로 수행할 수 있지만, 컴퓨터의 특기는 계산입니다. 그래서 컴퓨터에서 시간의 크고 작음을 비교할 때는 '시 분 초'의 최소 단위인 '초'로 시간 단위를 통일시켜 크기를 비교하는 것이 현명합니다.

시 분 초를 초 단위로 변환하는 계산식은 다음과 같습니다.

　　　H시 M분 S초 = H×3600 + M×60 + S

예를 들어, 앞에서 예로 든 6시 32분 12초(A)와 7시 10분 52초(B)는 각각

　　　6×3600 + 32×60 + 12 = 23532 (A)

　　　7×3600 + 10×60 + 52 = 25852 (B)

이 됩니다. 23532 < 25852이기 때문에 (B)쪽이 크다는 것을 알 수 있습니다. 또한 14시 20분 50초(C)와 14시 20분 35초(D) 역시 마찬가지로,

　　　14 × 3600 + 20 × 60 + 50 = 51650 (C)

　　　14 × 3600 + 20 × 60 + 35 = 51635 (D)

이 됩니다. 51650 > 51635이기 때문에 (C)쪽이 크다는 것을 알 수 있습니다.

- 시 → 분 → 초 순으로 크고 작음을 비교할 수도 있지만 조금 복잡해진다.
- '시 분 초'의 크고 작음을 비교하기에 앞서서 단위를 '초' 단위로 통일시킨다.

그림 1   시간의 크고 작음을 판정하는 알고리즘

각 데이터의 '시 분 초'를 초 단위 숫자로 변환하여 크고 작음을 비교한다

그림 2   시간의 크고 작음을 비교하는 모습

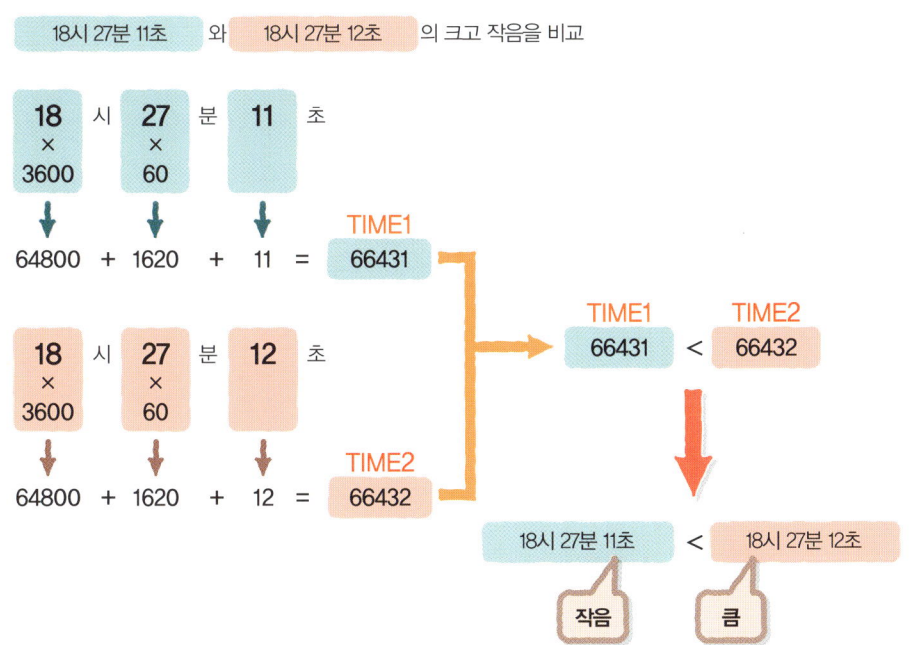

'18시 27분 11초'는 66431초, '18시 27분 12초'는 66432초 이므로 66431 < 66432가 되며, '18시 27분 12초'가 더 크다

시간차를 구할 때는 초 단위로 바꾸어 뺄셈하고, 다시 시간으로 바꾼다

앞에서 우리들은 '시 분 초' 시간 값의 크고 작음을 비교할 때 초 단위로 값을 통일해서 비교했습니다. 여기서는 '시 분 초' 값의 시간차를 구하는 알고리즘을 설명하겠습니다.

예를 들어 "7시 10분 52초(시작 시간)부터 14시 20분 50초(종료 시간)까지는 몇 시간 몇 분 몇 초인가?"라는 문제가 주어졌다고 가정해 보겠습니다. 이 문제를 해결하려면, 먼저 시작 시간과 종료 시간을 '초' 단위 값으로 바꿉니다. 그리고 값의 차이를 '초' 단위로 구한 후, 다시 그 값을 '시 분 초'로 바꿉니다. 앞에서 학습했던 '시 분 초'를 '초' 단위로 바꾼 값을 구하는 식은 다음과 같습니다.

$$H시\ M분\ S초 = H \times 3600 + M \times 60 + S$$

반대로, 초 단위 값인 TIME을 H시 M분 S초로 바꿀 때는 다음과 같은 단계를 거칩니다.

1 단계 : TIME을 3600으로 나눈 몫의 정수 부분이 H가 된다.
2 단계 : TIME을 3600으로 나눈 나머지 값이 R이 된다.
3 단계 : R을 60으로 나눈 몫이 M이 된다.
4 단계 : R을 60으로 나눈 나머지 값이 S가 된다.

아래는 H1시 M1분 S1초 ~ H2시 M2분 S2초까지의 시간을 H시 M분 S초로 구하는 단계를 표현한 것입니다.

1 단계 : TIME1에 H1×3600 + M1×60 + S1를 대입한다.
2 단계 : TIME2에 H2×3600 + M2×60 + S2를 대입한다.
3 단계 : DIFF에 TIME2 − TIME1을 대입한다.
4 단계 : H에 DIFF를 3600으로 나눈 몫의 정수 부분을 대입한다.
5 단계 : R에 DIFF를 3600으로 나눈 나머지를 대입한다.
6 단계 : M에 R을 60으로 나눈 몫의 정수 부분을 대입한다.
7 단계 : S에 R을 60으로 나눈 나머지 값을 대입한다.

- 시간차를 구하려면 우선 초 단위 값으로 바꾼다.
- 시간차를 초 단위로 구하고, 그 값을 다시 '시 분 초'로 되돌린다.

제4장 기본적인 알고리즘

그림 1 시간의 차이를 '시 분 초'로 구하는 흐름도

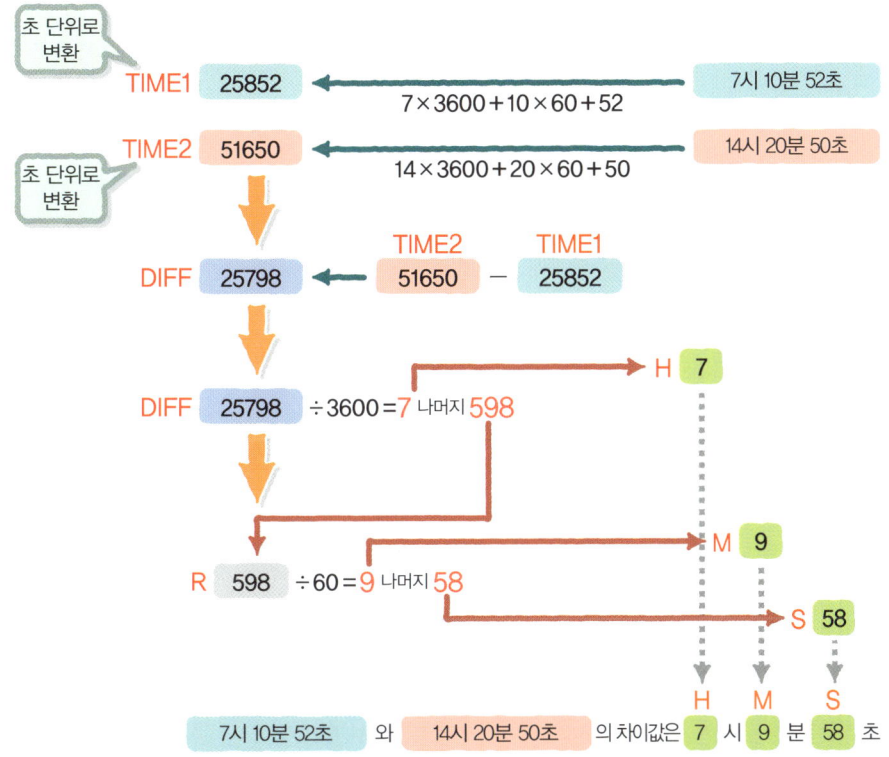

'7시 10분 52초'와 '14시 20분 50초'를 각각 초 단위 값으로 바꾸어서 차이값을 구하면 25798초가 된다 그 값을 '시 분 초'로 바꾸면 '7시 9분 58초'가 된다

046 두 변수의 값을 교환할 때는 임시 변수를 사용한다

  2개의 변수 X와 Y에 저장된 값을 교환하는 방법을 생각해 보겠습니다. 값의 교환은 '변수 X에 저장된 값을 변수 Y에 넣고, 변수 Y에 저장된 값을 변수 X에 저장하는 작업'으로 정의할 수 있습니다. 즉, 변수 X에 10이 저장되어 있고 변수 Y에 25가 저장되어 있을 때, 변수의 값을 교환시킨 결과 변수 X에 25가 저장되고 변수 Y에 10이 저장되어야 하는 것입니다.

  '변수 X에 저장된 값을 변수 Y에 넣고, 변수 Y에 저장된 값을 변수 X에 저장하라.'를 말 그대로 알고리즘으로 옮긴다면 다음과 같은 결과가 나올지도 모르겠습니다.

1 단계 : 변수 Y에 변수 X의 값을 대입한다.
2 단계 : 변수 X에 변수 Y의 값을 대입한다.

  그러나 이 단계를 따라해서는 값을 교환할 수 없습니다(그림 1). 왜냐하면, 1 단계에서 변수 Y의 값이 변수 X의 값으로 덮어 씌워져 버리기 때문입니다. 즉, X = 10, Y = 25일 때 위의 순서를 따르면 1 단계에서 변수 Y의 값이 10이 되어 버립니다. 따라서 이어지는 2 단계에서 변수 X에 변수 Y 값을 대입하면, X의 값이 10이 되어 버립니다. 그 결과, X와 Y에 모두 10이라는 값이 저장되어 버리므로 교환에 실패합니다.

  따라서 값을 성공적으로 교환하려면, X의 값을 덮어 씌우기 전에 변수 Y의 값을 잠시 다른 변수에 대피시켜 둘 필요가 있습니다. 이때 **임시 변수**라고 하는 변수를 사용해서 값을 임시적으로 저장합니다. 임시 변수 W를 사용한 올바른 값의 교환 단계는 다음과 같습니다 (그림 2).

1 단계 : 변수 W에 변수 Y의 값을 대입한다.
2 단계 : 변수 Y에 변수 X의 값을 대입한다.
3 단계 : 변수 X에 변수 W의 값을 대입한다.

- 두 변수의 값을 교환하려면 임시 변수를 사용한다.
- 먼저 덮어 씌울 변수의 값을 임시 변수에 대피시킨다.

제4장 기본적인 알고리즘

그림 1 변수의 값을 올바르게 바꿀 수 없는 알고리즘

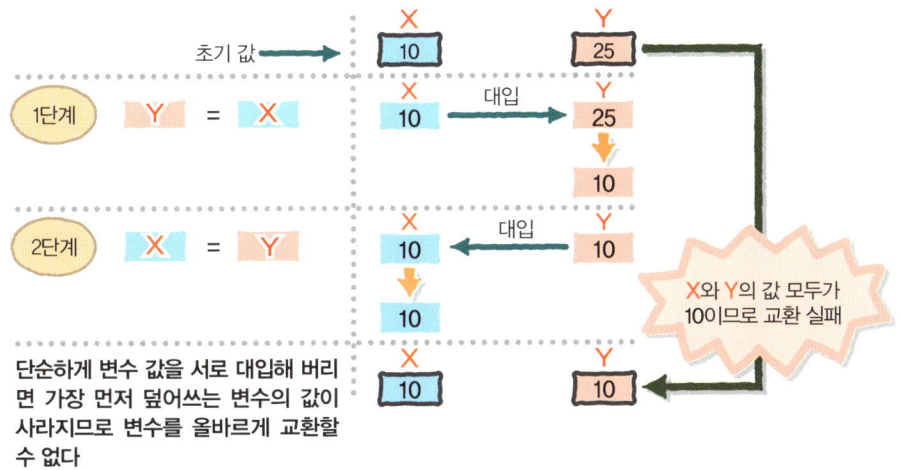

단순하게 변수 값을 서로 대입해 버리면 가장 먼저 덮어쓰는 변수의 값이 사라지므로 변수를 올바르게 교환할 수 없다

그림 2 변수의 값을 올바르게 바꿀 수 있는 알고리즘

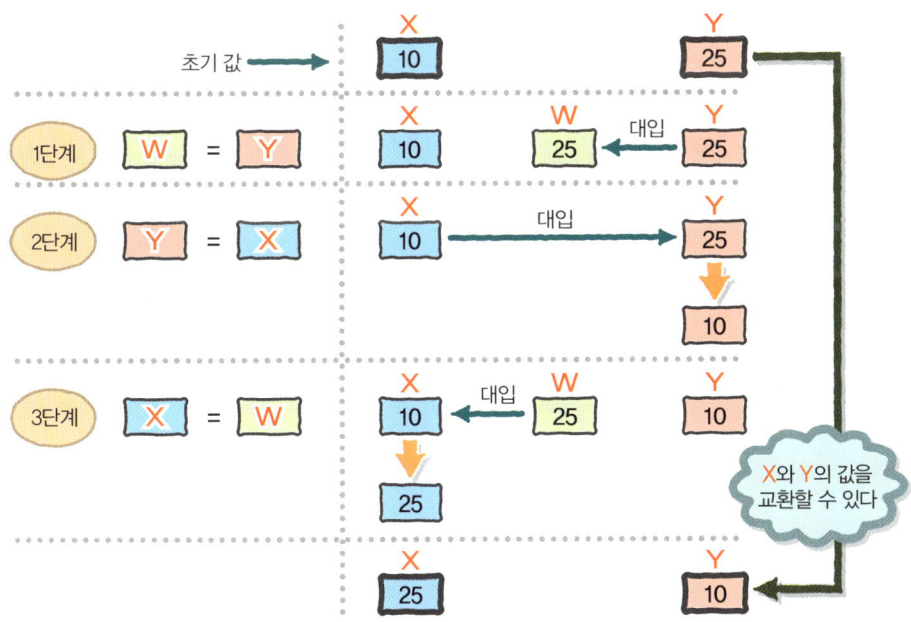

임시 변수에 가장 먼저 덮어 씌울 변수의 값을 잠시 대피시켜두면 변수를 올바르게 교환할 수 있다

047 두 수의 최대공약수는 유클리드 호제법으로 구한다

초등학교 수학 시간에 배웠던 '최대공약수'를 기억하십니까? 최대공약수는 0이 아닌 정수들의 공통된 약수 중에서 가장 큰 수를 뜻합니다. 예를 들어, 126과 90의 최대공약수는 다음과 같이 18이라는 것을 알 수 있습니다.

126의 약수 : 1, 2, 3, 6, 7, 9, 14, **18**, 21, 42, 63, 126

90의 약수 : 1, 2, 3, 5, 6, 9, 10, 15, **18**, 30, 45, 90

2개의 수의 최대공약수를 구하는 방법으로는 '유클리드 호제법'이 널리 알려져 있습니다. 호제법(互除法)이란 '2개의 수가 서로 나누는 것'이기에 붙여진 이름으로, 주어진 2개의 수를 번갈아 가며 나누어서 최대공약수를 구하는 방법입니다. 유클리드 호제법은 다음과 같이 정리(定理)할 수 있습니다.

"정수 X와 Y(X ≥ Y)가 주어졌을 때 X를 Y로 나눈 나머지를 R이라고 하면, X와 Y의 최대공약수는 Y와 R의 최대공약수와 같다. 그러나 X와 0이 남았을 경우 최대공약수는 X로 한다."

그러면 유클리드 호제법을 따라 정수 X와 Y(X ≥ Y)의 최대공약수를 변수 GCD에 구하는 알고리즘을 작성해 보겠습니다.

1 단계 : 변수 R에 X÷Y의 나머지 값을 대입한다.
2 단계 : 변수 R이 0이 아니라면 다음 3 ~ 5 단계를 반복한다.
3 단계 : 변수 X에 변수 Y의 값을 대입한다.
4 단계 : 변수 Y에 변수 R의 값을 대입한다.
5 단계 : 변수 R에 X÷Y의 나머지 값을 대입한다.
6 단계 : 변수 GCD에 변수 Y의 값을 대입한다.

- 유클리드 호제법은 'X를 Y로 나눈 나머지 값을 R이라고 했을 때, X와 Y의 최대공약수는 Y와 R의 최대공약수와 같다.'라고 정리(定理)한다.

제4장 기본적인 알고리즘

그림 1 최대공약수를 구하는 모습

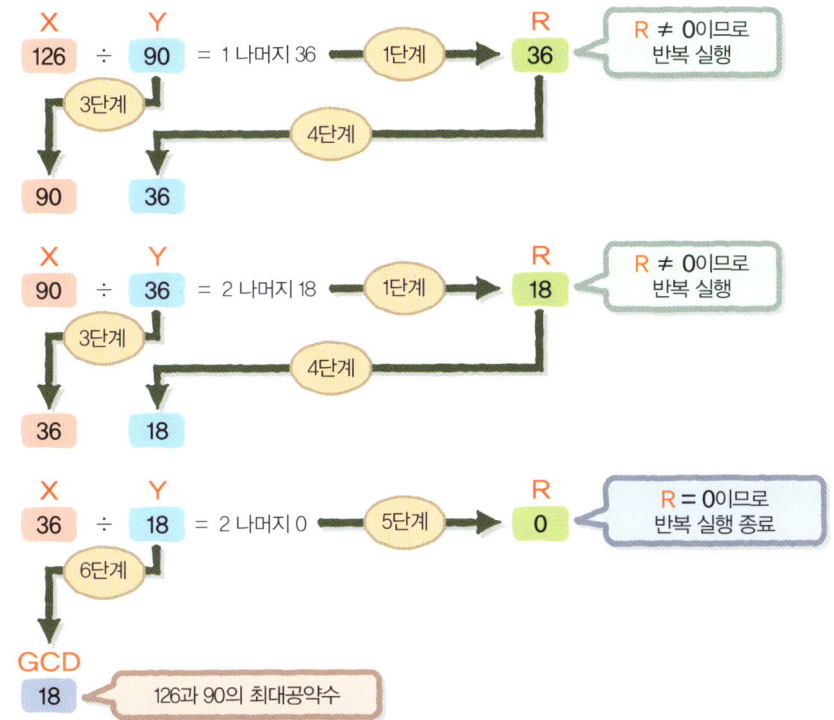

126(X)와 90(Y)의 나머지 값은 36(R),
90(X)와 36(Y)의 나머지 값은 18(R),
36(X) 와 18(Y)의 나머지 값은 0(R)이 된다
따라서 126과 90의 최대공약수는 18이 된다

유클리드 호제법은 기원전 300년경 [유클리드 원론]에 기록된 인류 최초의 알고리즘으로 알려져 있어요

코드와 데이터는 어디에 있을까?

알고리즘을 컴퓨터에서 실제로 작동시키는 것은 '프로그램'입니다. 따라서 알고리즘은 현실 세계의 컴퓨터 프로그래밍과 밀접하게 관련되어 있습니다. 알고리즘을 구성하고 있는 2가지의 큰 요소인 '처리'와 '변수(자료구조)'는 각각 컴퓨터 프로그램의 중요한 2가지 요소인 **코드**와 **데이터**에 해당합니다. 즉, '처리'를 구현한 것이 '코드'이며, '변수'를 구현한 것이 '데이터'입니다.

이 '코드'와 '데이터'들은 모두 컴퓨터의 기억장치인 **메모리 공간**에 배치됩니다. '메모리'는 '셀'이라는 단위로 관리되며 각각의 셀에는 **주소(어드레스)**가 붙어 있습니다. 이 주소를 요소 번호라고 한다면, 메모리 공간은 큰 배열이라고도 할 수 있습니다.

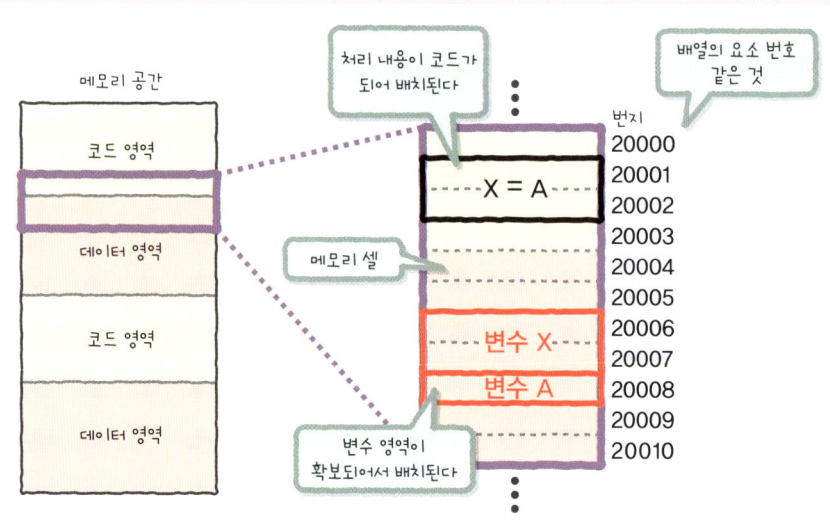

정렬과 검색

그 어떤 컴퓨터 프로그램에도 정렬 및 검색 처리는 반드시 포함됩니다. 따라서, 컴퓨터로 프로그래밍을 할 때는 정렬 및 검색 알고리즘을 마스터하는 것이 가장 중요합니다.

048 정렬(소트)이란 대상을 특정한 규칙에 따라 정렬하는 것

현실 세계에는 다양한 데이터가 있습니다. 그것은 '사물(객체)'에 부여한 **특성**과 같은 것입니다. 한 학급의 학생들의 예를 들어 보겠습니다. 학생들에게는 다양한 속성이 있습니다.

- 이름
- 키
- 기말고사 시험 점수 등

이러한 특성들은 학생들 개인의 고유 데이터입니다. 특정 데이터를 중심으로 학생들을 정렬해 보겠습니다. 이름을 '가나다 순'으로 정렬하면 출석부에 사용할 수 있는 '이름으로 정렬된' 리스트를 구할 수 있습니다. 또한 '키가 작은 순'으로 정렬하면 앞을 책상의 순서를 구할 수 있습니다. 그리고 '점수가 높은 순'으로 정렬하면 기말고사 성적 순위를 구할 수 있습니다.

이처럼 특정한 '사물'이 가진 특성을 데이터로 삼아서 여러 개의 '사물'을 정렬시키는 처리가 **정렬(소트)**입니다. 또한 정렬을 할 때에는 '작은 순으로 나열할 것인가' 혹은 '큰 순으로 나열할 것인가'가 중요한 변수로 작용합니다. 이것을 **정렬 순서**라고 합니다. 이 두 가지의 정렬 순서에는 아래와 같은 이름이 붙어 있습니다.

오름차순 : 작은 순서대로 나열하기

내림차순 : 큰 순서대로 나열하기

즉, 위의 예시에 등장한 책상 순서의 경우 '키가 작은 순서'로 정렬했으므로 '오름차순', 기말고사의 성적 순위는 '점수가 높은 순서'로 정렬했으므로 '내림차순'입니다.

- 정렬이란 대상이 갖고 있는 특성을 기준으로 나열하는 것이다.
- 정렬 순서에는 '오름차순(작은 순서)'과 '내림차순(큰 순서)'이 있다.

그림 1   데이터 정렬

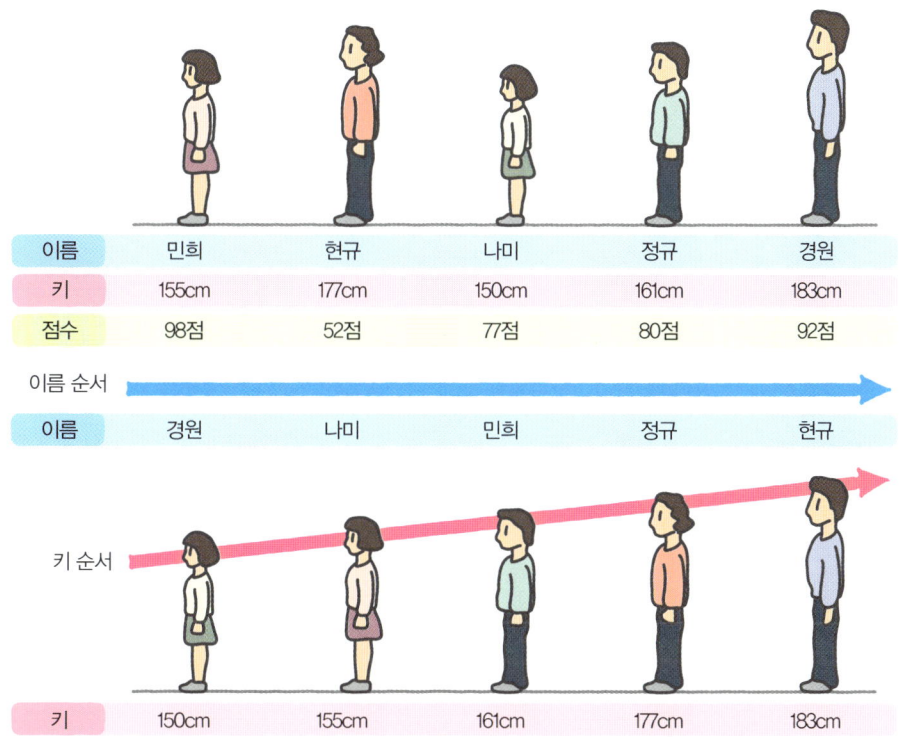

대상을 이름 순서대로 정렬한 경우와 키가 작은 순서대로 정렬한 경우

그림 2   정렬 순서

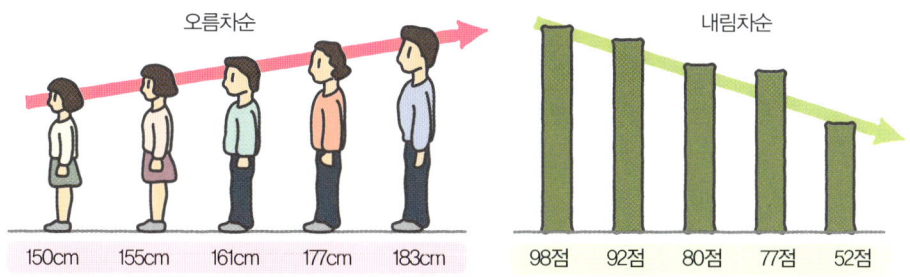

데이터를 작은 순서대로 정렬하면 '오름차순', 큰 순서대로 정렬하면 '내림차순'이라고 한다

049 정렬 알고리즘에는 다양한 종류가 있다

정렬 알고리즘의 종류는 다음과 같습니다.

❶ 버킷 정렬

최대 값의 개수만큼 물통을 준비한 다음, 그곳에 데이터를 저장하고 정렬한다.

❷ 기수 정렬

숫자의 각 자리를 기준으로 차례대로 데이터를 정렬한다.

❸ 단순 선택 정렬

데이터 중에서 최소 값(또는 최대 값)을 찾아, 1번째 요소(또는 마지막 요소)의 데이터와 교환한다.

❹ 단순 교환 정렬(버블 정렬)

서로 이웃한 데이터끼리 크고 작음을 비교해서 올바른 위치로 데이터를 이동시킨다.

❺ 단순 삽입 정렬

정렬할 데이터를 이미 정렬된 데이터들 사이의 올바른 위치에 삽입한다.

❻ 셸 정렬

정렬할 데이터들을 일정한 개수의 그룹으로 묶어서 정렬한다.

❼ 병합 정렬

정렬할 데이터를 반으로 자르고, 자른 데이터를 다시 반으로 자르는 작업을 되풀이한다. 데이터를 더이상 자를 수가 없다면, 자른 데이터들을 정렬한 후 다른 부분들과 병합하고 다시 정렬시키는 작업을 자른 순서의 역순으로 반복해서 정렬한다.

❽ 퀵 정렬

정렬할 데이터 안에서 임의의 숫자를 선택하고 그 값의 크고 작음을 기준으로 데이터들을 반으로 쪼갠다. 이 과정을 반복해서 정렬한다.

❿ 힙 정렬

힙 구조를 이용하여 정렬한다.

- 데이터 정렬은 알고리즘의 핵심 과제 중 하나이며, 다양한 정렬 알고리즘이 고안되어 있다.

제5장 정렬과 검색

그림 1 정렬 알고리즘

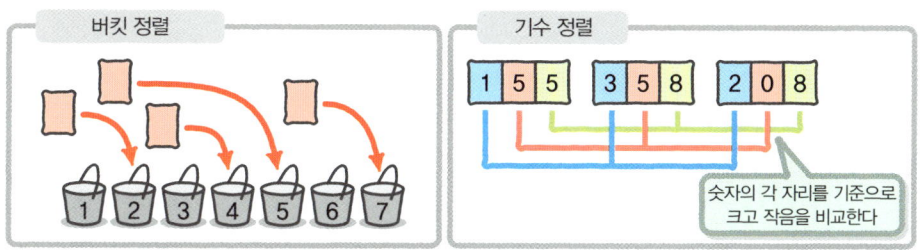

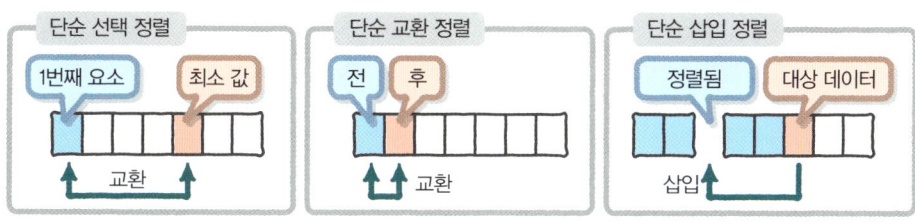

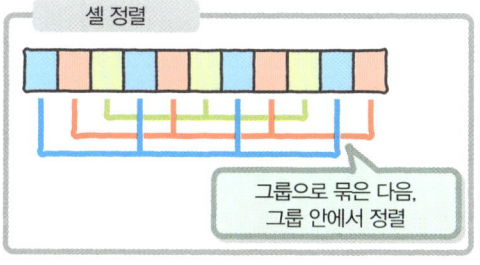

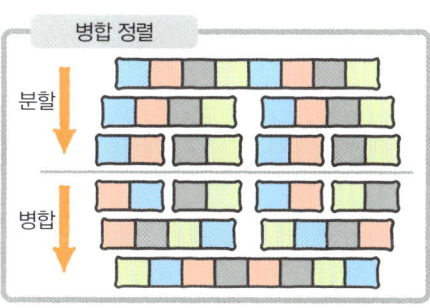

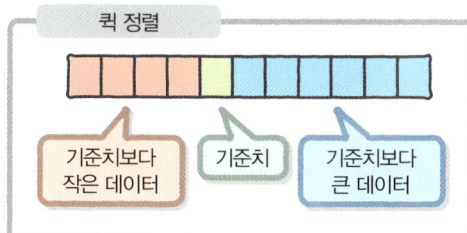

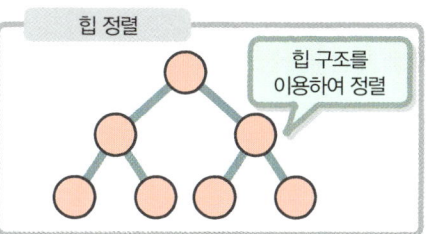

050 다른 배열(양동이)에 데이터를 저장하고 정렬하는 '버킷 정렬'

버킷 정렬은 가장 간단한 정렬 알고리즘입니다. 처리가 간단한 대신에 장소적 자원(배열의 크기)을 많이 소모합니다.

버킷 정렬을 하려면 '정렬할 데이터' 중에서 가져올 수 있는 값의 범위 만큼 양동이(배열)를 준비합니다. 그리고 정렬할 데이터들을 양동이 번호에 맞추어 저장합니다. 그렇게 모든 데이터를 양동이에 넣은 후, 1번째 양동이부터 차례대로 양동이의 데이터를 가져옵니다. 그러면, 가져온 데이터는 정렬된 상태가 되는 것입니다. 다음은 버킷 정렬의 순서를 표현한 것입니다.

1 단계 : 양동이 역할을 할 배열 BUCKET을 준비하고 전체 내용을 **Empty 값**으로 초기화한다.
2 단계 : 정렬할 배열(N개)의 첨자를 저장하는 변수 I를 0으로 초기화한다.
3 단계 : I가 N 미만이라면, 아래의 **4 ~ 5 단계**를 반복한다.
4 단계 : VALUE에 DATA[I]를 대입한다.
5 단계 : BUCKET[VALUE]에 VALUE를 대입한다.
6 단계 : I의 값을 1 증가시킨다.
7 단계 : BUCKET의 처음 요소부터 차례대로 값이 저장되어 있을 경우에만 데이터를 꺼낸다.

예를 들어, 버킷 정렬로 데이터 열(8, 2, 1, 5, 9, 7)을 오름차순 정렬한다면 먼저, 모든 요소를 -1(Empty 값)로 설정한 BUCKET[0] ~ BUCKET[9]를 준비합니다. 그리고 데이터 8, 2, 1, 5, 9, 7을 배열 요소 번호와 일치하는 BUCKET[8], BUCKET [2], BUCKET[1], BUCKET[5], BUCKET[9], BUCKET[7]에 대입합니다. 마지막으로, BUCKET[0] ~ BUCKET[9]를 차례대로 조사해서 -1(Empty 값) 외의 값이 저장된 경우에만 데이터를 꺼내면 (1, 2, 5, 7, 8, 9)로 정렬된 데이터 배열을 구할 수 있습니다.

● 빈 양동이 배열을 준비하고, 양동이의 번호와 일치하는 모든 데이터를 저장한 다음에 1번째 양동이의 데이터부터 꺼내는 것이 버킷 정렬이다.

제5장 정렬과 검색

그림 1 　버킷 정렬의 예

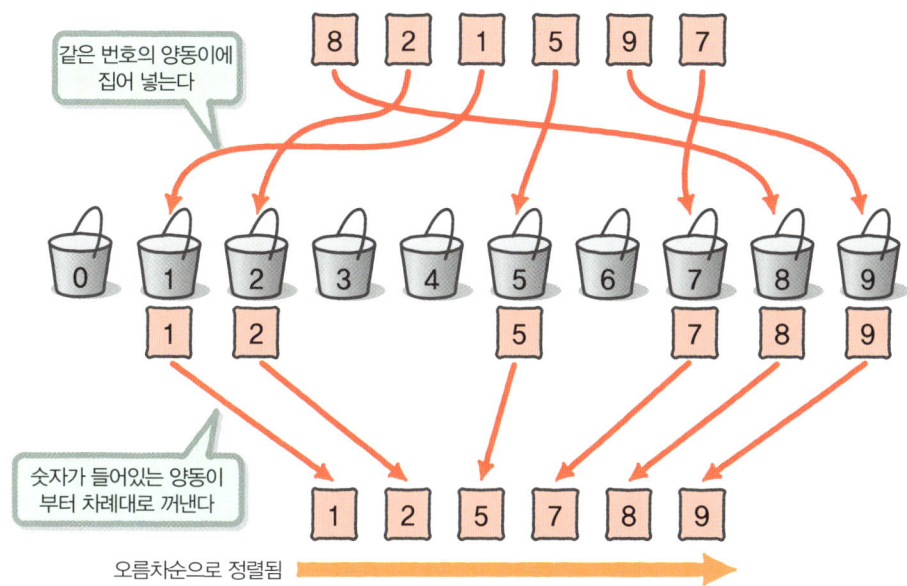

8번, 2번, 1번, 5번, 9번, 7번 **양동이에 데이터를 던져 넣고,** 1번째 양동이부터 데이터가 들어있는 양동이의 데이터만 순서대로 꺼내면 오름차순으로 정렬된다

용어 해설

Empty 값 ➡ Empty 값은 데이터가 비어 있음을 나타내는 값. 그 알고리즘에서 결정한 값이므로 취급하는 데이터 이외의 값이라면 그 무엇이든 상관없다. 자주 사용되는 Empty 값에는 0과 −1이 있다.

051 아래 자릿수부터 윗 자릿수까지 버킷 정렬을 반복하는 '기수 정렬'

기수 정렬은 데이터가 여러 개 들어갈 수 있는 양동이들을 사용해서 정렬하는 알고리즘입니다. 이 양동이 속 데이터들의 순서는 관리가 가능합니다.

만약 정렬할 데이터의 자릿수가 k라면, 버킷 정렬을 k번 실시합니다. 또한, 정렬할 데이터들의 각 자릿수별로 들어갈 수 있는 범위만큼 양동이를 준비합니다. 예를 들어, 10진수 숫자 값을 정렬한다면, 한 자리당 0 ~ 9까지의 수를 사용하므로 양동이가 10개 필요합니다. 그리고 정렬할 데이터들의 가장 아래 자리부터 한 자리씩 윗 자릿수의 숫자 값을 차례대로 버킷 정렬합니다. 그렇게 모든 숫자들을 정렬한 후에 0번째 양동이부터 마지막 양동이까지 차례대로 저장된 값을 꺼내면 정렬된 데이터 열을 구할 수 있습니다. 정렬할 데이터 열이 3자리(k = 3) 10진수일 경우의 정렬 단계는 다음과 같습니다.

1 단계 : 정렬할 데이터들의 1의 자리를 기준으로 0번 양동이 ~ 9번 양동이에 나누어 저장한다.

2 단계 : 0번 양동이 → 9번 양동이 순서대로, 그 안에 저장된 데이터들을 10의 자리를 기준으로 0번 양동이 ~ 9번 양동이에 나누어 저장한다.

3 단계 : 0번 양동이 → 9번 양동이 순서대로, 그 안에 저장된 데이터들을 100의 자리를 기준으로 0번 양동이 ~ 9번 양동이에 나누어 저장한다.

기수 정렬에서는 다음의 2가지 사항이 중요합니다.

❶ 정렬할 자릿수의 선택 방향을 가장 낮은 자릿수에서 윗 자릿수로 할 것
❷ 아래 자리에서 이미 정렬된 데이터들의 순서는 그대로 유지할 것

그림 1은 숫자 값 10개의 기수 정렬 순서를 구체적으로 표현한 것입니다.

- 각 자릿수의 숫자 값을 기준으로 정렬하는 것이 기수 정렬이다.
- k자릿수의 숫자들을 정렬하려면 k개를 버킷 정렬한다.

제5장 정렬과 검색

그림 1 기수 정렬의 순서

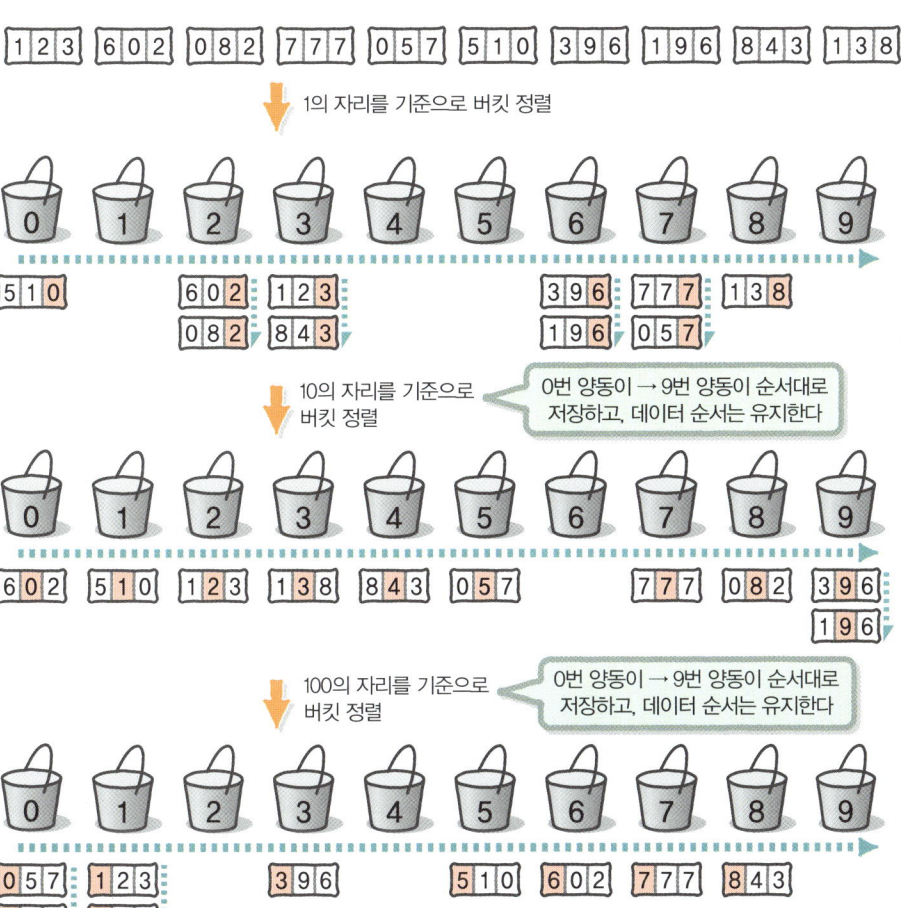

057, 082, 123, 138, 196, 396, 510, 602, 777, 843

10진수이며 자릿수 3개를 사용하는 데이터 10개가 기수 정렬(버킷 정렬이 3개 합쳐진 것)된 모습

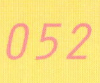

최소 값(최대 값)을 골라서 이미 정렬된 마지막 요소와 교환하는 '단순 선택 정렬'

단순 선택 정렬은 가장 알기 쉬운 정렬 알고리즘입니다. 만약 여러분들에게 바닥에 뿔뿔이 흩어진 1~100의 숫자가 적힌 카드를 오름차순으로 정렬하라는 과제가 주어진다면, 어떤 순서로 정렬하시겠습니까?

대부분의 사람들은 다음과 같은 단계를 떠올릴 것입니다.
❶ 뿔뿔이 흩어진 카드들 중에서 가장 숫자가 작은 카드를 찾는다
❷ 그 카드를 오름차순으로 나열하는 곳 왼쪽으로 옮긴다
❸ 이어서 남은 카드들 중에서 가장 숫자가 작은 카드를 찾는다
❹ 그 카드를 오름차순으로 정렬하는 카드의 끝에 둔다.

그리고 카드가 없어질 때까지 ❸ ~ ❹ 단계를 반복하면, 카드는 결국 오름차순으로 정렬됩니다.

단순 선택 정렬 알고리즘은 바로 이 순서대로 동작합니다. 정렬할 데이터가 저장된 배열을 DATA라고 할 때, 그 내용을 오름차순으로 정렬하는 경우를 생각해 보겠습니다. 배열 DATA는 '정렬된 부분(앞부분)'과 '정렬되지 않은 부분(뒷부분)'으로 나뉩니다. 처음에는 '정렬된 부분'이 비어있고 '정렬되지 않은 부분'이 배열 전체를 차지합니다. 아래는 단순 선택 정렬로 오름차순 정렬하는 단계를 표현한 것입니다.

1 단계 : '정렬되지 않은 부분' 안에서 최소 값을 찾는다.
2 단계 : '최소 값'을 선택해서 '정렬되지 않은 부분의 1번째 요소'와 교환한다.
　　　　(※이 작업이 최소 값을 정렬된 부분의 마지막 요소로 만든다.)
3 단계 : '정렬되지 않은 부분'의 시작 위치를 1칸 뒤로 옮긴다.
　　　　(※이 작업이 '정렬되지 않은 부분'의 범위를 하나씩 줄이게 된다.)
4 단계 : '정렬되지 않은 부분'의 요소 수가 1이 될 때까지 **1 ~ 3 단계**를 반복한다.

- 단순 선택 정렬은 '정렬되지 않은 부분' 안의 최소 값(또는 최대 값)을 선택해서 '정렬된 부분'의 끝으로 옮긴다.

제5장 정렬과 검색

> **그림 1** 단순 선택 정렬을 사용한 정렬의 모습

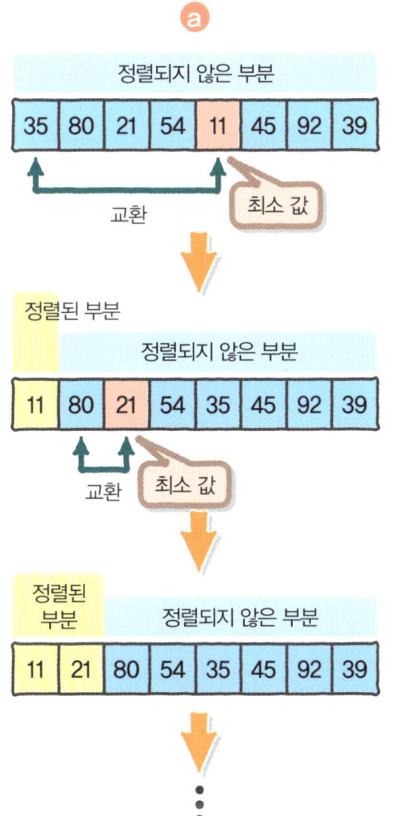

데이터 열 (35, 80, 21, 54, 11, 45, 92, 39)의 정렬된 부분에 11, 21이 올 때까지 정렬된 모습

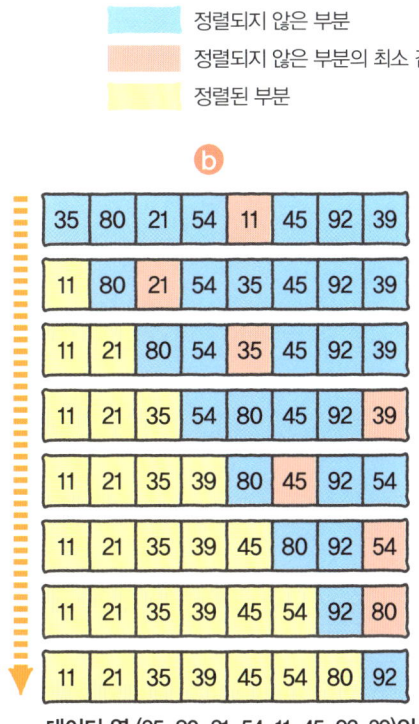

데이터 열 (35, 80, 21, 54, 11, 45, 92, 39)의 모든 데이터가 정렬되는 모습

정렬되지 않은 부분 안의 가장 작은 값을 찾아서, 정렬된 부분의 끝으로 옮기면 작은 순서대로 정렬되는구나!

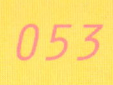

이웃한 데이터들을 교환해 나가는 단순 교환 정렬(버블 정렬)

　단순 교환 정렬은 이웃한 데이터들의 크고 작음을 따진 결과가 정렬 순서와 반대일 경우, 앞뒤의 데이터들의 순서를 바꾸어 데이터를 정렬하는 알고리즘입니다. 여기에서는 단순 교환 정렬로 어떤 배열의 내용을 오름차순으로 정렬하는 케이스를 예로 들어 설명하겠습니다.

　정렬할 배열은 '정렬되지 않은 부분(앞부분)'과 '정렬된 부분(뒷부분)'으로 나뉩니다. 정렬을 시작할 때는 '정렬된 부분'이 비어 있는 상태이며, '정렬되지 않은 부분'이 배열 전체를 차지합니다. 먼저, 단순 교환 정렬을 사용하여 최대 값을 '정렬되지 않은 부분'의 끝부분으로 옮기는 방법을 생각해 보겠습니다.

　1 단계 : '정렬되지 않은 부분'의 1번째 데이터와 2번째 데이터를 비교한다.
　2 단계 : 1번째 데이터 > 2번째 데이터라면, 두 값의 순서를 바꾼다.
　3 단계 : 데이터를 비교하기 시작할 위치를 뒤로 1칸 옮긴다.

　'정렬되지 않은 부분'의 데이터가 2개만 남을 때까지 위의 순서를 반복하면, '정렬되지 않은 부분'의 마지막 요소에는 '정렬되지 않은 부분'의 '최대 값'이 저장됩니다. 이 덕분에 '정렬되지 않은 부분'의 크기가 '최대 값'이 들어있는 마지막 요소를 뺀 나머지 부분으로 작아집니다. 점점 작아지는 '정렬되지 않은 부분'에 위의 교환 처리를 반복해 나가면, '정렬되지 않은 부분'의 끝부분에는 '정렬되지 않은 부분'에서의 '최대 값'이 차례대로 저장되어 갑니다. 따라서 전체적으로 '정렬된 부분'은 데이터 열의 끝부분부터 커지고, '정렬되지 않은 부분'은 데이터 열의 시작 부분부터 줄어듭니다.

　마지막에 '정렬된 부분'이 데이터 열 전체를 차지하게 되면 정렬이 완료됩니다. 또한, 단순 교환 정렬은 1 ~ 3 단계에서 최대 값이 서서히 뒤로 옮겨지는 모습이 마치 사이다의 거품이 올라가는 모습과 비슷하다는 뜻에서 버블 정렬이라고 불리기도 합니다.

● 단순 교환 정렬(버블 정렬)은 이웃한 데이터 2개의 크고 작음을 비교한 뒤, 정렬조건에 맞추어 이동시킨다.

제5장 정렬과 검색

> **그림 1** 단순 교환 정렬이 정렬하는 모습

정렬되지 않은 부분 　 정렬된 부분
비교할 값 　 교환이 발생함

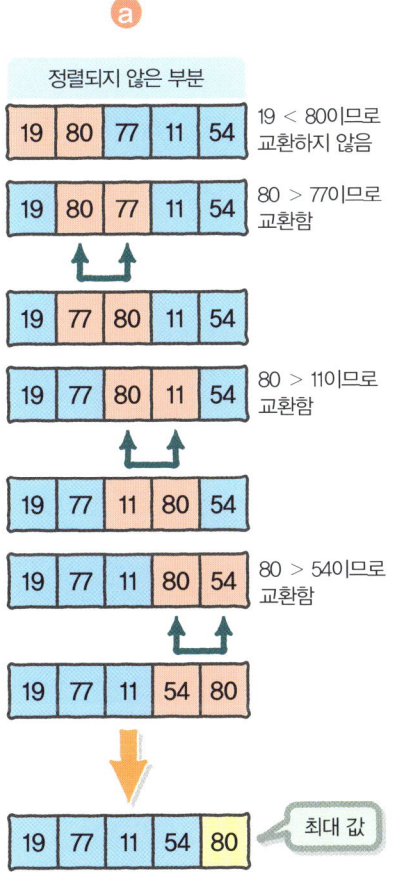

ⓐ

데이터 열 (19, 80, 77, 11, 54)의 최대 값 80이 데이터 열의 마지막 부분으로 옮겨지는 모습

ⓑ

데이터 열 (19, 80, 77, 11, 54)의 정렬되지 않은 부분의 크기를 하나씩 줄여 나가며 데이터 전체를 정렬하는(정렬된 부분을 키우는) 모습

054 정렬된 데이터를 비교해서 올바른 위치에 삽입하는 '단순 삽입 정렬'

단순 삽입 정렬은 데이터 열(D_0, D_1, D_2, … D_n) 안의 어떤 데이터(D_i)를 기준으로, 그 데이터보다 앞에 위치하는 데이터들(D_0 ~ D_{i-1})과 차례로 비교하여 D_i를 D_0 ~ D_{i-1}의 안에서의 정렬조건(오름차순 또는 내림차순)과 일치하는 위치에 삽입해서 데이터를 정렬하는 알고리즘입니다. 2번째 데이터(D_1)를 시작으로 마지막 데이터(D_n)까지 반복해서 비교하면, 데이터 열(D_0, D_1, D_2, … D_n) 전체를 정렬할 수 있습니다.

배열에 저장된 데이터 열의 내용을 단순 삽입 정렬 오름차순으로 정렬하는 케이스를 따라가 보겠습니다. 배열은 '정렬된 부분(앞부분)'과 '정렬되지 않은 부분(뒷부분)'으로 나뉩니다. 처리를 시작할 때의 '정렬된 부분'은 1번째 데이터 1개이고, '정렬되지 않은 부분'은 2번째 이후의 모든 데이터입니다. 그러면 단순 삽입 정렬로 '정렬되지 않은 부분'의 1번째 데이터를 '정렬된 부분'의 적절한 위치에 삽입하는 절차를 따라가 보겠습니다. 데이터 열 (D_0, D_1, D_2, … D_n)에서 '정렬된 부분'은 D_0 ~ D_{i-1}이며, '정렬되지 않은 부분'의 1번째 데이터를 D_i(1 ≤ i ≤ n)라고 했을 때,

1 단계 : k = 0으로 만든다.
2 단계 : k < i일 동안 3 ~ 4 단계를 수행한다.
3 단계 : D_k > D_i일 때, 반복 처리를 빠져나온다.
4 단계 : k를 1 증가 시킨다(다음 데이터와 비교하기 위해).
5 단계 : W에 D_i를 임시 저장한다(6 단계에서 D_i의 값을 덮어 쓰므로 W에 임시 저장).
6 단계 : D_k ~ D_{i-1}을 하나씩 뒤로 이동시킨다.
7 단계 : D_k에 W를 저장한다.

위의 처리를 정렬되지 않은 부분이 없어질 때까지 반복합니다.

- 단순 삽입 정렬은 배열 안의 '정렬된 부분' 안에 '정렬되지 않은 부분'의 데이터들을 정렬 조건에 맞추어 삽입해 나가는 알고리즘이다.

그림 1 단순 삽입 정렬을 사용한 정렬의 모습

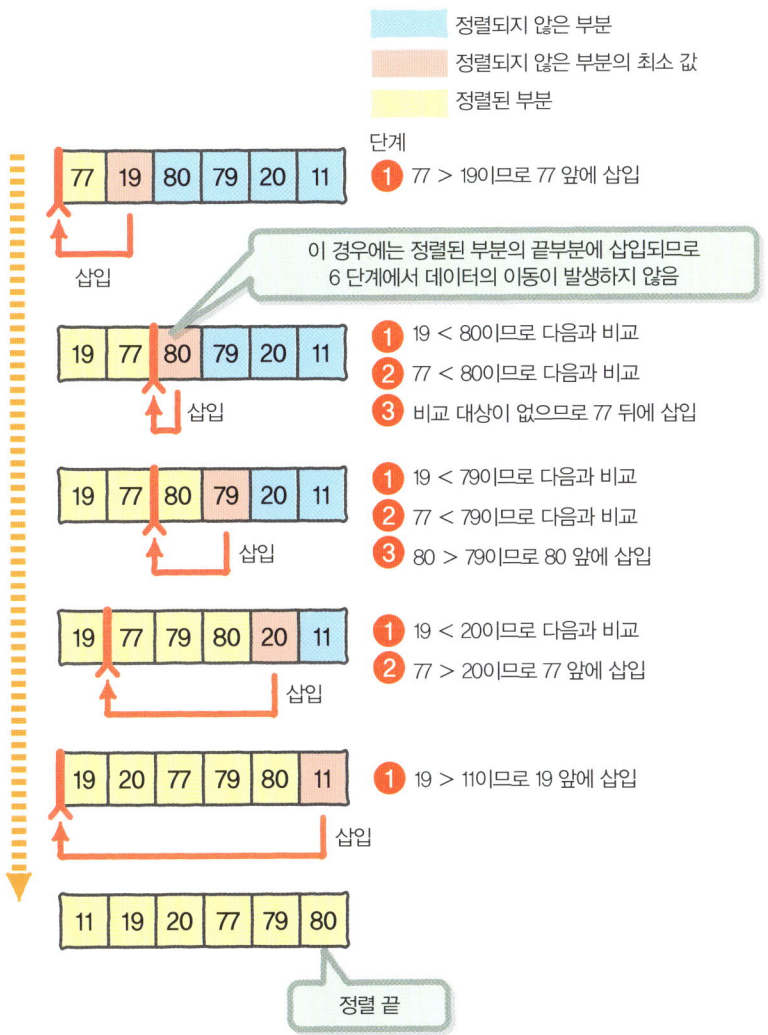

데이터 열 (77, 19, 80, 79, 20, 11)의 '정렬되지 않은 부분'의 1번째 데이터들을 정렬된 부분 안에 정렬조건에 맞추어서 하나하나 삽입하는 모습

055 데이터 열을 일정한 길이의 그룹으로 나누어 정렬하는 '셸 정렬'

셸 정렬은 바로 옆의 이웃한 데이터들을 순차적으로 정렬하지 않습니다. 그 대신 일정한 길이만큼 떨어진 데이터들을 하나의 그룹으로 묶고, 그 그룹 안의 데이터들을 정렬한다는 특징이 있습니다. 셸 정렬은 단순 교환 정렬, 단순 삽입 정렬 등에 비하여 약간 복잡한 알고리즘이지만, 값을 이동시키는 횟수를 다른 알고리즘에 비해 작게 만들 수 있기 때문에 실행 속도가 빠릅니다.

1열로 나열되고 N개의 요소를 가진 데이터 배열을 그룹으로 나눌 때, 그 크기는 임의로 결정할 수 있습니다. 여기서는 데이터들을 N/2(몫의 정수 부분)로 나누어 보겠습니다. 그룹별로 데이터 정렬이 끝나면, 각 그룹의 길이를 1/2로 나눕니다. 즉,

    1번째 정렬을 위한 그룹의 크기는 N/2
    2번째 정렬을 위한 그룹의 크기는 N/4
    3번째 정렬을 위한 그룹의 크기는 N/8
    ⋮

이 됩니다.

다음은 1줄로 나열되고, N개의 요소를 가진 데이터 배열을 셸 정렬하는 모습입니다. 그리고 각 그룹의 정렬에는 단순 삽입 정렬을 적용하겠습니다.

1단계: 그룹 간격 SPAN을 N/2(몫의 정수 부분)로 초기화한다.
2단계: SPAN이 1 이상이라면 다음 **3~5단계**를 반복한다.
3단계: 데이터 열을 SPAN만큼의 길이로 나눈다.
4단계: 나누어진 그룹들을 단순 삽입 정렬로 정렬한다.
5단계: SPAN/2(몫의 정수 부분)을 SPAN에 대입한다.

- 셸 정렬은 정렬할 데이터 배열을 일정 길이의 그룹으로 나누고, 그 그룹 안에서 정렬조건에 맞추어 정렬한다.

그림 1 셸 정렬을 사용한 정렬의 모습

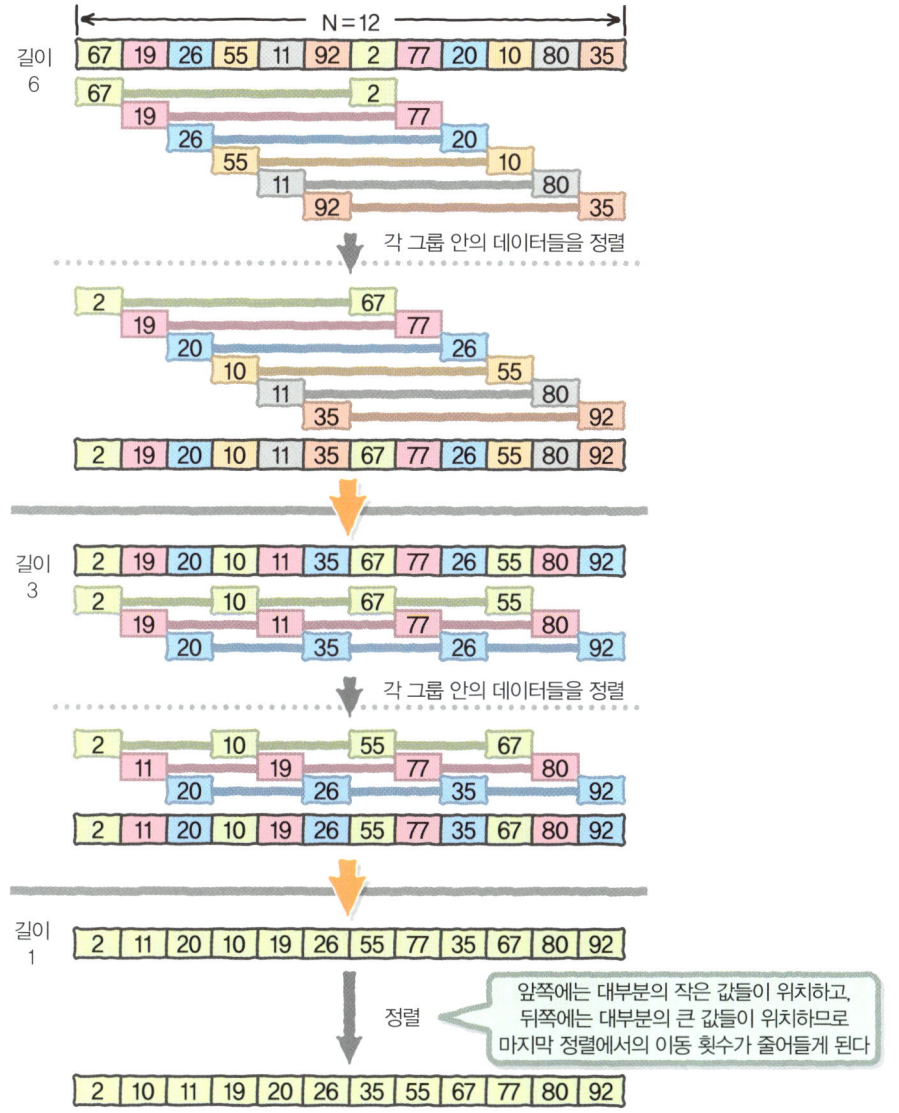

시작할 때 반으로 나누었던 그룹을 다시 반으로 나누어가며 정렬한다
따라서 데이터가 12개 들어있는 배열의 정렬은 데이터가 6개씩 들어있는 2개의 그룹 안에서 시작한다
그 후에 데이터가 3개씩 들어있는 그룹들을 정렬하고 마지막으로 데이터가 1개씩 들어있는 그룹들을 정렬한다

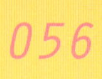

정렬된 여러 개의 데이터 열을 합체시키는 '병합(merge)'

'057'에서 설명하는 병합 정렬은 '병합(merge)' 알고리즘을 활용한 정렬 알고리즘입니다. 여기서는 그에 앞서서 병합 정렬에 사용되는 '병합(merge)' 알고리즘을 설명합니다.

'병합'은 '정렬된 여러 개의 데이터 열'들을 '정렬된 하나의 데이터 열'로 만드는 알고리즘입니다. 예를 들어 오름차순으로 정렬된 데이터 열 A, B, C가 있다고 할 때,

데이터 열 A, … $A_1, A_2, A_3, … A_j$
데이터 열 B, … $B_1, B_2, B_3, … B_k$
데이터 열 C, … $C_1, C_2, C_3, … C_m$

이 정렬된 3개의 데이터 열을 병합하여 정렬된 하나의 데이터 열 P를 만든다고 하겠습니다.

데이터 열 P, … $P_1, P_2, P_3, … P_n$

이때 P의 1번째 데이터, 즉 데이터 열 A, B, C에서의 최소 값은 각 데이터 열이 오름차순으로 정렬되어 있으므로 반드시 A_1, B_1, C_1 중 하나일 것입니다. 따라서 P_1은 A_1, B_1, C_1의 크고 작음만 따지면 구할 수 있습니다. 그리고 만약 A_1, B_1, C_1 중의 최소 값이 B_1이라고 한다면, B_1을 꺼내어 P_1에 넣습니다. 그렇게 되면 B_1 다음의 B_2가 데이터 열 B 안의 1번째 데이터가 됩니다(1은 전부 작은 숫자 입니다). 이 시점에서 중요한 것은, P_2로 만들어야 할 2번째 최소 값이 반드시 A_1, B_2, C_1 중 하나라는 사실입니다. 즉, 다음 P로 만들어야 하는 데이터는 항상 데이터 열 A, B, C의 1번째(최소) 값 안에 있다는 것입니다. 데이터 열 A, B, C에서 1번째 데이터를 꺼내고 나면, 그 다음 2번째 데이터가 각 열의 최소 값이 되기 때문입니다. 이처럼 정렬된 여러 개의 데이터 열을 정렬된 하나의 데이터 열로 만들 때에는 각 열의 1번째 데이터만 주의 깊게 살펴보면 됩니다.

- 오름차순으로 정렬된 여러 개의 데이터 열이 있을 때, 전체 열의 최소 값은 항상 각 데이터 열의 1번째에 있다.

제5장 정렬과 검색

그림 1 병합(merge)에 의해 새로운 데이터 열이 만들어지는 모습

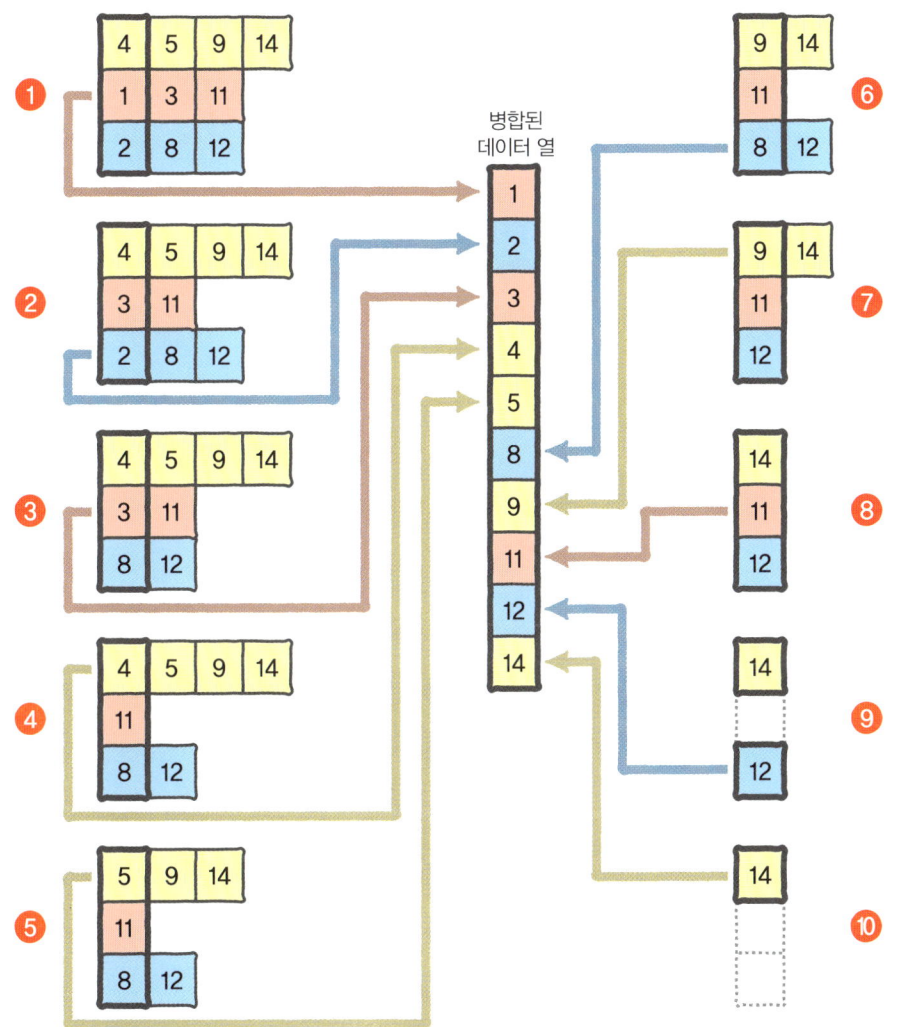

각 열의 1번째 데이터(4, 1, 2) 중에서 최소 값 1을 꺼내고,
그 열의 다음 데이터 3을 1번째 데이터로 만든다
이러한 작업을 데이터가 없어질 때까지 동일하게 반복한다

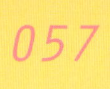

057 병합(merge) 알고리즘을 이용하여 정렬하는 '병합 정렬'

병합 정렬은 데이터 열의 '병합(merge)' 작업을 이용한 정렬 알고리즘으로써 크게 다음의 두 가지 단계로 구성됩니다.

1 단계 : 데이터 열을 2개로 나누는 단계

정렬할 데이터 열을 2개로 나눕니다. 2개로 나뉘어진 데이터 열을 다시 2개로 나누고, 또 다시 2개로 나눈 것입니다. 분할 단계는 나뉜 데이터 열의 요소 개수가 하나가 될 때까지 반복합니다.

2 단계 : 데이터 열을 병합하는 단계

분할된 데이터 열들이 하나의 데이터 열이 되도록 병합합니다. 병합된 데이터 열들을 또 다시 병합합니다. 병합 단계는 데이터 열들이 하나가 될 때까지 반복합니다.

예를 들어 (D_1, D_2, D_3, D_4, D_5, D_6, D_7, D_8)이라는 8개의 요소가 포함된 데이터 열을 병합 정렬하는 모습은 아래와 같습니다. 이때, ( )안에 있는 것은 정렬되지 않은 데이터 열, [ ]안에 있는 것은 정렬된 데이터 열을 뜻합니다.

❶ (D_1, D_2, D_3, D_4, D_5, D_6, D_7, D_8)를 2개로 나눈다.
❷ (D_1, D_2, D_3, D_4)과 (D_5, D_6, D_7, D_8)를 2개로 나눈다.
❸ (D_1, D_2)과 (D_3, D_4)과 (D_5, D_6)과 (D_7, D_8)를 2개로 나눈다.
❹ (D_1), (D_2), (D_3), (D_4), (D_5), (D_6), (D_7), (D_8)이 된다(요소 개수가 1이므로 분할 종료).
❺ [D_1]과 [D_2], [D_3]와 [D_4], [D_5]와 [D_6], [D_7]과 [D_8]를 각각 병합한다.
❻ [D_1, D_2]과 [D_3, D_4], [D_5, D_6]과 [D_7, D_8]를 각각 병합한다.
❼ [D_1, D_2, D_3, D_4]과 [D_5, D_6, D_7, D_8]를 각각 병합한다.
❽ [D_1, D_2, D_3, D_4, D_5, D_6, D_7, D_8]를 구한다(정렬된 데이터 열).

요점 Check!
- 병합 정렬은 병합 알고리즘을 이용한 정렬이다.
- 병합 정렬은 2개로 나누는 단계와 병합하는 단계로 구성된다.

그림 1   병합 정렬을 사용한 정렬의 모습

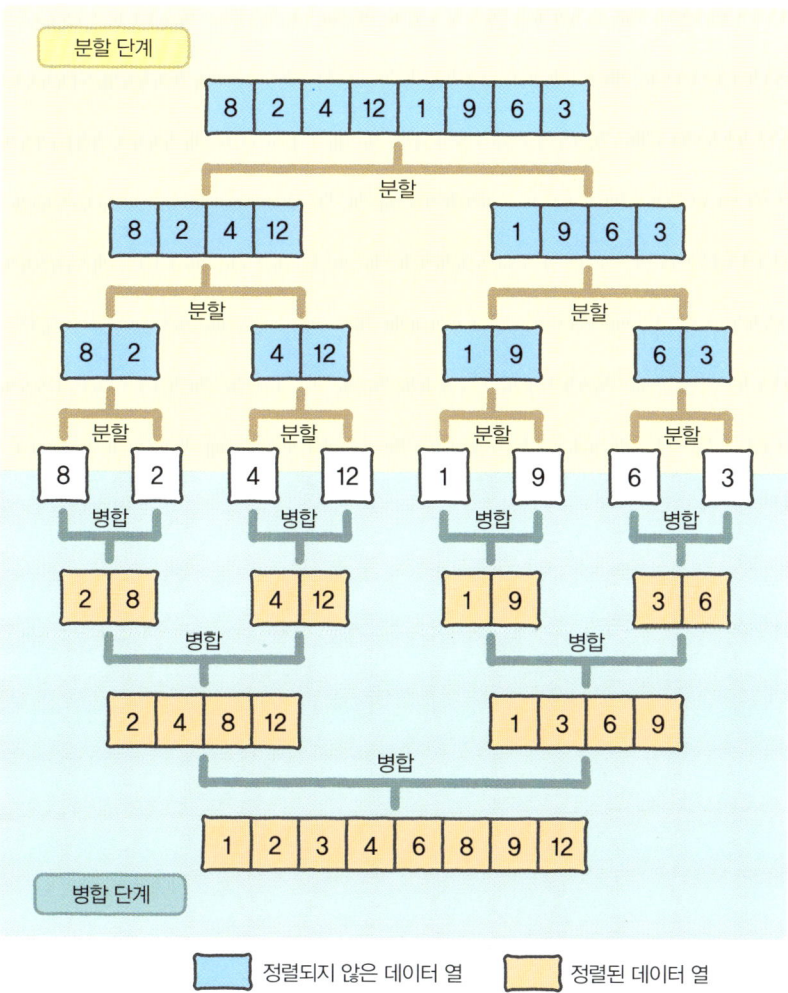

분할 단계에서는 데이터를 반으로 나누고, 나눈 데이터를 다시 반으로 나누는 과정을 반복한다. 만약 더 이상 반으로 나눌 수 없다면, 이웃한 데이터들을 나눈 순서의 역순으로 정렬하고 병합해서 하나의 데이터로 만들어 나간다.

058 기준 데이터와 크기를 비교해서 데이터를 2등분 하는 '퀵 정렬'

퀵 정렬은 정렬에 소요되는 시간이 매우 짧은 고속 알고리즘입니다. 특히 정렬할 데이터 수가 많을 때 단순 교환 정렬이나 단순 삽입 정렬에 비해 처리 속도가 빠릅니다.

퀵 정렬에서는 우선 데이터 열 중에서 임의의 데이터 P(기준값)를 하나 고릅니다. 그 후 P보다 작은 값들을 하나로 묶고, P보다 큰 값들을 하나로 묶어서 각각 새로운 데이터 열로 만듭니다. 이때 데이터 열에서 데이터 P의 위치를 고정시키는 작업이 중요합니다. 예시로 11개의 데이터 열을 퀵 정렬을 통해 오름차순으로 정렬해 보겠습니다.

우선 데이터 열의 11개 데이터 중에서 데이터를 하나 골라서 P라는 이름을 붙입니다. 그리고 나머지 데이터 중에서 P보다 작은 데이터들을 하나로 묶어서 S열, P보다 큰 데이터들을 하나로 묶어서 L열이라는 이름을 붙입니다. 이때, S열과 L열 안의 데이터들은 이리저리 뒤섞여 있더라도 괜찮습니다. 예를 들어 P보다 값이 작은 데이터가 3개, P보다 값이 큰 데이터가 7개 있다면, 정렬 순서는 S열 – P열 – L열이 됩니다.

([S_1] [S_2] [S_3]) [P] ([L_1] [L_2] [L_3] [L_4] [L_5] [L_6] [L_7])

$S_1 \sim S_3$과 $L_1 \sim L_7$은 아직 정렬되지 않았지만, [P]의 위치만은 4번째로 고정시킵니다.

이번에는 동일한 작업을 S열과 L열에도 적용합니다. S열에서 임의의 데이터 P_S, L열에서 임의의 데이터 P_L을 선택하고, 각각 P_S와 P_L보다 값이 작은 그룹과 값이 큰 그룹으로 분류합니다.

([S_{11}][P_S][L_{11}]) [P] ([S_{21}][S_{22}][S_{23}][S_{24}][P_L][L_{21}][L_{22}])

위 작업을 통해 P_S의 위치가 2번째로, P_L의 위치가 9번째로 새롭게 고정되었습니다. 이렇게 그룹으로 묶는 작업을 그룹 안의 데이터 수가 1개 이하가 될 때까지 반복하면 정렬된 데이터 열을 구할 수 있습니다.

- 퀵 정렬은 고속 정렬 알고리즘으로 기준값보다 작은 그룹과 큰 그룹을 분류하는 작업을 반복해서 정렬한다.

제5장 정렬과 검색

그림 1 | 퀵 정렬을 사용한 정렬의 모습

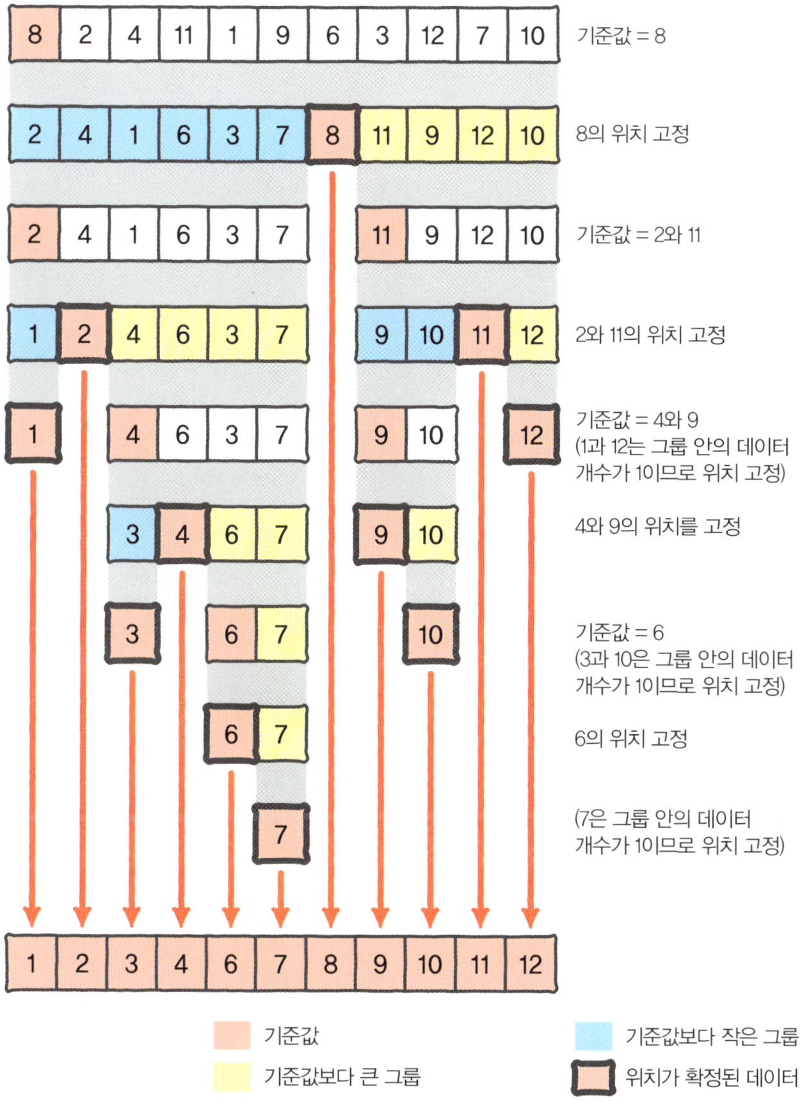

| 8 | 2 | 4 | 11 | 1 | 9 | 6 | 3 | 12 | 7 | 10 | 기준값 = 8 |

| 2 | 4 | 1 | 6 | 3 | 7 | 8 | 11 | 9 | 12 | 10 | 8의 위치 고정 |

| 2 | 4 | 1 | 6 | 3 | 7 | | 11 | 9 | 12 | 10 | 기준값 = 2와 11 |

| 1 | 2 | 4 | 6 | 3 | 7 | | 9 | 10 | 11 | 12 | 2와 11의 위치 고정 |

| 1 | | 4 | 6 | 3 | 7 | | 9 | 10 | | 12 | 기준값 = 4와 9 (1과 12는 그룹 안의 데이터 개수가 1이므로 위치 고정) |

| | | | 3 | 4 | 6 | 7 | 9 | 10 | | | 4와 9의 위치를 고정 |

| | | | 3 | | 6 | 7 | | 10 | | | 기준값 = 6 (3과 10은 그룹 안의 데이터 개수가 1이므로 위치 고정) |

| | | | | | 6 | 7 | | | | | 6의 위치 고정 |

| | | | | | | 7 | | | | | (7은 그룹 안의 데이터 개수가 1이므로 위치 고정) |

| 1 | 2 | 3 | 4 | 6 | 7 | 8 | 9 | 10 | 11 | 12 |

■ 기준값   ■ 기준값보다 작은 그룹
■ 기준값보다 큰 그룹   ▢ 위치가 확정된 데이터

먼저 기준값을 정하고, 나머지 데이터들을 정렬 기준에 맞추어 기준값의 왼쪽/오른쪽에 배치시키면 기준값의 위치가 고정된다.

059 힙 구조를 이용하여 정렬하는 '힙 정렬'

여기서는 힙의 특성(이진 트리에서 부모 노드의 값은 항상 자식 노드의 값보다 작거나 크다)을 이용한 정렬 알고리즘인 '힙 정렬'에 대해 설명합니다(힙에 대해서는 *033*을 참조).

데이터를 오름차순으로 정렬할 경우, '부모 노드의 값이 항상 자식 노드의 값보다 커지는 힙'을 이용합니다. '부모 노드의 값은 항상 자식 노드의 값보다 크다.'라는 조건이 있기에 이진 트리의 루트(뿌리) 부분에는 데이터 열 안의 최대 값이 저장되게 됩니다. 그러므로 다음 과정을 반복하면 데이터를 오름차순으로 정렬할 수 있습니다.

데이터 열을 힙 구조로 만들고 루트 값을 꺼내어 정렬된 영역에 추가한다.

요소 수가 N개인 데이터 열을 힙 구조로 만드는 순서는 다음과 같습니다.

데이터 열(D_1, D_2, D_3, D_4, D_5, D_6, D_7, D_8, $\cdots$ D_N)을 이진 트리 구조의 깊이가 얕은 쪽의 왼쪽부터 차례대로 나열합니다.

1 단계 : I = N/2, T = I로 한다.
2 단계 : I ≥ 1일 때, 아래의 **3 단계**를 반복한다.
3 단계 : D_T, D_{2T}, D_{2T+1}를 비교한다.

　　　　D_T가 최대일 때 …… I = I − 1, T = I로 한다.
　　　　D_{2T}가 최대일 때 …… D_T와 D_{2T}를 교환하여, T = 2T로 한다.
　　　　D_{2T+1}가 최대일 때 …… D_T와 D_{2T+1}를 교환하여 T = 2T + 1로 한다.
　　　　자식D_{2T}, 자식D_{2T+1}이 없을 때 …… I = I − 1, T = I로 한다.

이 절차를 수행하면 반드시 D_1(루트 위치)에 데이터 열 중의 최대 값이 저장되므로 그 값을 반복해서 꺼내면 정렬된 데이터 열을 구할 수 있습니다.

- 힙 정렬은 힙의 특성을 이용한 정렬 알고리즘이다.

그림 1 힙 정렬을 사용하여 정렬하는 모습

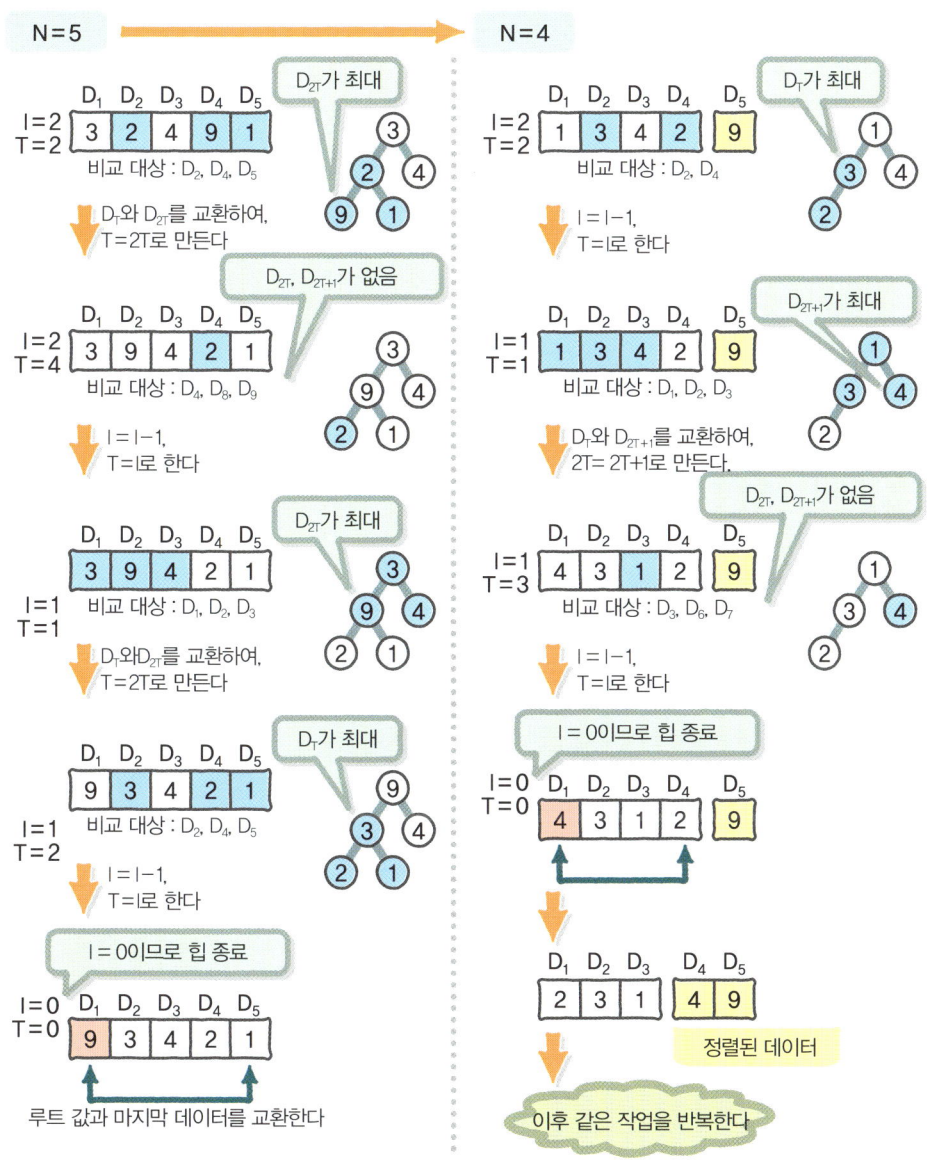

요소 수가 5개인 데이터 열(3, 2, 4, 9, 1)을 힙 정렬을 사용하여
오름차순으로 정렬하는 모습(N = 5, N = 4까지)

060 검색이란 여러 개의 데이터 안에서 원하는 데이터를 찾아내는 것

'**검색**'이란 여러 개의 데이터 안에서 원하는 데이터를 찾아내는 알고리즘입니다. '검색'은 컴퓨터로 처리하는 작업 중에서 '정렬'만큼 빈번하게 사용되는 중요한 요소입니다.

예를 들어 신용카드를 사용하여 쇼핑을 할 때에는, '카드번호'로 신용카드 회사의 데이터베이스에 저장된 방대한 사용자 정보를 검색하여 사용자가 쇼핑을 할 수 있는지 여부를 판별하는 등의 다양한 처리가 이루어집니다. 또한, 환자의 의료 기록을 데이터베이스로 관리하는 병원에서는 진찰권에 적힌 환자의 'ID 코드'로 환자의 다양한 데이터가 기록된 전자 의료 기록을 찾아냅니다.

또한 Web검색 사이트는 입력한 '키워드'가 적힌 사이트들을 전 세계의 Web사이트들 중에서 찾아내어 그 목록을 보여줍니다.

이처럼 '검색'은 매우 중요한 기능이며 효율적인 검색 알고리즘 또한 많이 알려져 있습니다. 이 책에서는 그 중에서,

❶ 순차 검색(리니어 서치)
❷ 이진 검색(바이너리 서치)
❸ 간단한 문자열 검색
❹ KMP 알고리즘을 사용한 문자열 검색
❺ BM 알고리즘을 사용한 문자열 검색

을 설명합니다.

● '검색' 알고리즘이란 여러 개의 데이터 안에서 원하는 데이터를 찾아내는 것이다.

제5장 　정렬과 검색

그림 1 　실제 검색 처리의 예

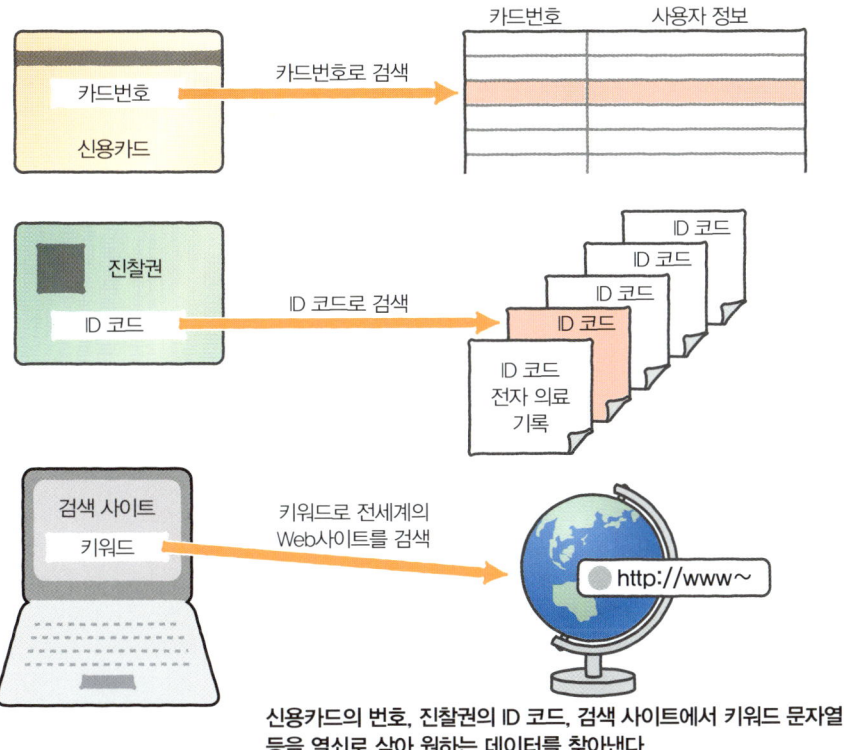

신용카드의 번호, 진찰권의 ID 코드, 검색 사이트에서 키워드 문자열 등을 열쇠로 삼아 원하는 데이터를 찾아낸다

그림 2 　검색 알고리즘의 종류

순차 검색
1번째 데이터부터 샅샅이 검색

이진 검색
데이터들이 이미 정렬되어 있는 경우에 효율적으로 검색할 수 있음

문자열 검색
문자열 안에서 문자 패턴을 검색

KMP 알고리즘
일치하지 않는 문자의 위치와 부분 문자열의 구성 정보를 통해 효율적으로 문자를 검색함

BM 알고리즘
부분 문자열의 끝부분부터 앞부분의 순서대로 문자를 비교함

061 처음부터 끝까지 샅샅이 데이터를 비교하는 '순차 검색(리니어 서치)'

랜덤(무작위)으로 나열된 데이터 열 안에서 원하는 데이터를 찾는 방법은 '원하는 데이터와 일치하는지'의 여부를 1번째 데이터부터 샅샅이 조사하여 비교하는 방법 뿐입니다. 그것이 순차 검색(리니어 서치)입니다.

예를 들어, 트럼프 카드를 잘 섞어서 테이블 위에 1줄로 나열해 두었다고 가정해 보겠습니다. 이 안에서 '하트 A(에이스)'를 찾는다면, 보통은 1줄로 나열된 카드들을 차례대로 확인해 나갈 것입니다. 이것이 순차 검색입니다. 또한 테이블 위의 카드 안에 '하트 A'가 없을 수도 있으므로 카드를 모두 확인해 보아야 합니다.

순차 검색은 N개의 데이터 중에서 원하는 데이터를 찾을 때까지 평균적으로 N/2번 비교해야 하기 때문에 많은 양의 데이터 안에서 데이터를 찾아내는 작업에는 적합하지 않은 알고리즘 입니다.

다음은 배열 DATA에 저장된 N개의 데이터 안에서 원하는 데이터 T를 찾아내는 순서를 적은 것입니다.

1 단계 : 배열 DATA의 요소들을 가리키기 위한 첨자 I를 0으로 초기화한다.
2 단계 : I < N일 동안, 다음의 **3 단계**를 반복한다.
3 단계 : DATA [I] = T일 때……반복 처리를 종료한다.
　　　　　DATA [I] ≠ T일 때……I를 1 증가시킨다.
4 단계 : I < N일 때……요소 번호 I 위치에서 원하는 데이터를 발견했다.
　　　　　I = N일 경우……원하는 데이터가 발견되지 않았다.

● 순차 검색은 랜덤(무작위)으로 나열된 데이터 열 안에서 원하는 데이터를 찾아내는 알고리즘이다.

| 그림 1 | 순차 검색으로 데이터를 검색하는 모습 |

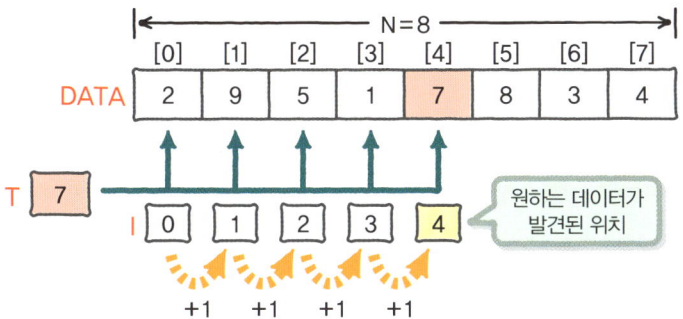

8개의 요소가 저장된 데이터 열(2, 9, 5, 1, 7, 8, 3, 4)에서 데이터 7을 찾아내고 그 위치를 구하는 모습

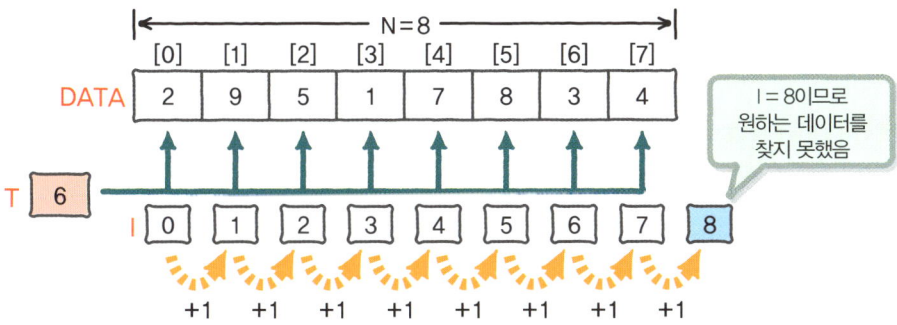

데이터가 8개 저장된 데이터 열(2, 9, 5, 1, 7, 8, 3, 4)안에 데이터 6이 없음을 판정하는 모습

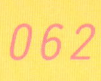

062 정렬된 데이터 안에서 고속 검색하는 이진 검색(바이너리 서치)

검색할 데이터 열이 오름차순 또는 내림차순으로 이미 정렬되었다면 이진 검색(바이너리 서치)으로 빠르게 원하는 데이터를 찾아 낼 수 있습니다.

이진 검색에서는 검색할 데이터 열의 중앙 값 M_1을 기준점으로 만듭니다. 그리고 M_1의 값이 찾고자 하는 값인 T와 일치할 때까지 검색 범위를 좁혀갑니다. 중앙 값의 중앙 값 M_2, 그 중앙의 중앙의 중앙 값 M_3…을 T와 비교하여 일치할 때까지 검색 범위를 좁혀 나갑니다.

다음은 배열 DATA에 오름차순으로 저장된 N개의 데이터 중에서 원하는 데이터 T를 찾아내는 단계를 표현한 것입니다.

1 단계 : 중앙 위치 M을 N/2로 만든다.
2 단계 : 검색 범위 안의 데이터 개수가 1개 이상이라면 다음의 **3 단계**를 반복한다.
3 단계 : T = DATA[M]일 때……데이터를 찾아냈으므로 반복을 중단한다.
     T < DATA[M]일 때……DATA[M] 및 DATA[M]의 오른쪽(큰 값)에 데이터 T는 절대 존재하지 않으므로, 검색 범위를 위치 M보다 왼쪽(작은 값)으로 좁힌다.
     T > DATA[M]일 때……DATA[M] 및 DATA [M]의 왼쪽(작은 값)에 데이터 T는 절대 존재하지 않으므로, 검색 범위를 위치 M보다 오른쪽(큰 값)으로 좁힌다.
4 단계 : T = DATA[M]일 때……요소 번호 M의 위치에서 원하는 데이터를 발견함
     T ≠ DATA [M]의 경우……원하는 데이터가 발견되지 않았다.

- 검색할 데이터 열이 정렬되어 있다면, 이진 검색으로 원하는 데이터를 빠르게 찾을 수 있다.

그림 1 | 이진 검색으로 데이터를 검색하는 모습

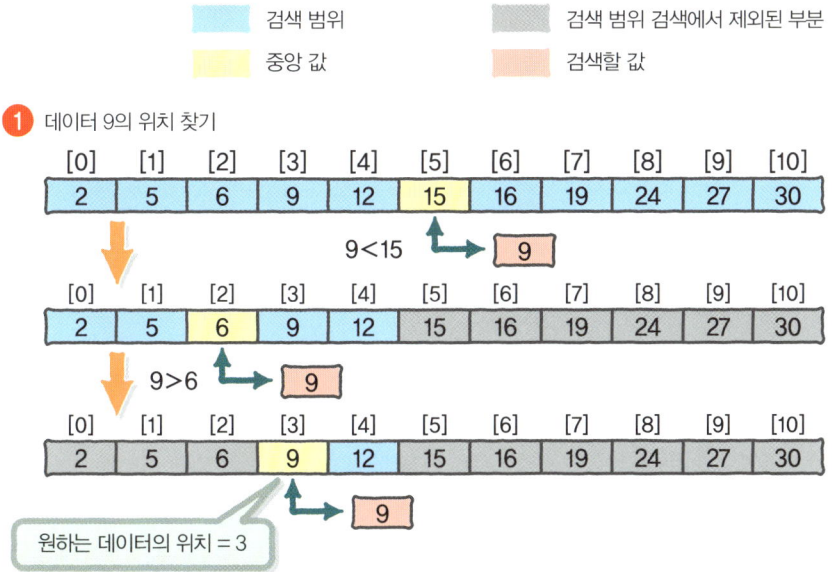

① 데이터 9의 위치 찾기

검색할 값(9)과 검색 범위(파란색)의 중간 값(15)을 비교하여, 검색 범위를 단번에 중앙 값(15)보다 왼쪽의 데이터들로(2, 5, 6, 9, 12) 좁힐 수 있으므로 검색 효율이 높다

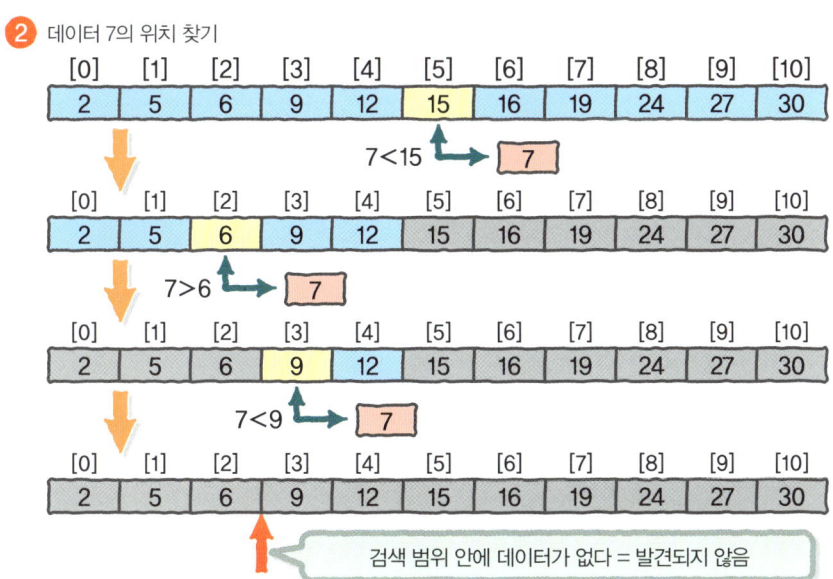

② 데이터 7의 위치 찾기

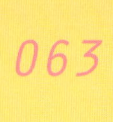

063 주어진 문자열 안에서 원하는 문자열의 위치를 찾아내는 '문자열 검색'

인터넷 검색 사이트에서는 키워드 문자열을 입력하여 그 문자열이 저장된 Web사이트를 검색할 수 있습니다. 예를 들어, "SOFT"라는 키워드 문자열을 입력하면 페이지 어딘가에 "SOFT"라는 문자열이 포함된 Web사이트를 추출하여 그 목록을 보여줍니다. 이때, 검색 사이트 내부에서는 "SOFTBANK", "SOFTWARE", "FREESOFT"처럼 문자열 "SOFT"가 포함된 문자열이 저장되어 있는지를 확인하고, 해당하는 사이트들의 목록을 표시하는 것입니다.

문자열 안의 문자열을 검색하는 알고리즘에는 '여러 개의 문자로 이루어진 문자열을 대상으로 검색한다.'라는 특징이 있습니다. 여기서는 문자열 STR안에 부분 문자열 SUB가 존재하는 위치를 구하는 가장 간단한 알고리즘을 소개합니다. 이 단계들을 거치면 I에 부분 문자열이 발견된 위치가 저장됩니다.

1 단계 : 문자열 비교 시작 위치를 저장하는 변수 I를 0으로 초기화시킨다.
2 단계 : '(I+SUB의 문자 길이) < STR의 문자열 길이'라면, 3 ~ 6 단계를 반복한다.
3 단계 : 부분 문자열의 위치를 저장하는 변수 J를 0으로 초기화시킨다.
4 단계 : J보다 SUB의 문자열 길이가 길다면, 5 단계를 반복한다.
5 단계 : STR[I] ≠ SUB[J]일 경우……반복 처리를 끝낸다.
　　　　　STR[I] = SUB[J]일 경우……I와 J에 각각 1씩 더한다.
6 단계 : J와 SUB의 문자열 길이가 같다면……I에 (I − J)를 저장하고 종료한다.
　　　　　(I에는 부분 문자열 SUB가 발견된 위치가 저장됨)
　　　　　J보다 SUB의 문자열 길이가 길다면……I에 (I − J + 1)를 저장한다.
7 단계 : I에 −1(발견되지 않았음을 뜻하는 값)을 저장한다.

- 문자열 검색 알고리즘에서는 '검색 대상이 여러 개의 문자로 이루어진 문자열'이라는 점을 고려한다.

그림 1 | 부분 문자열을 검색하는 모습

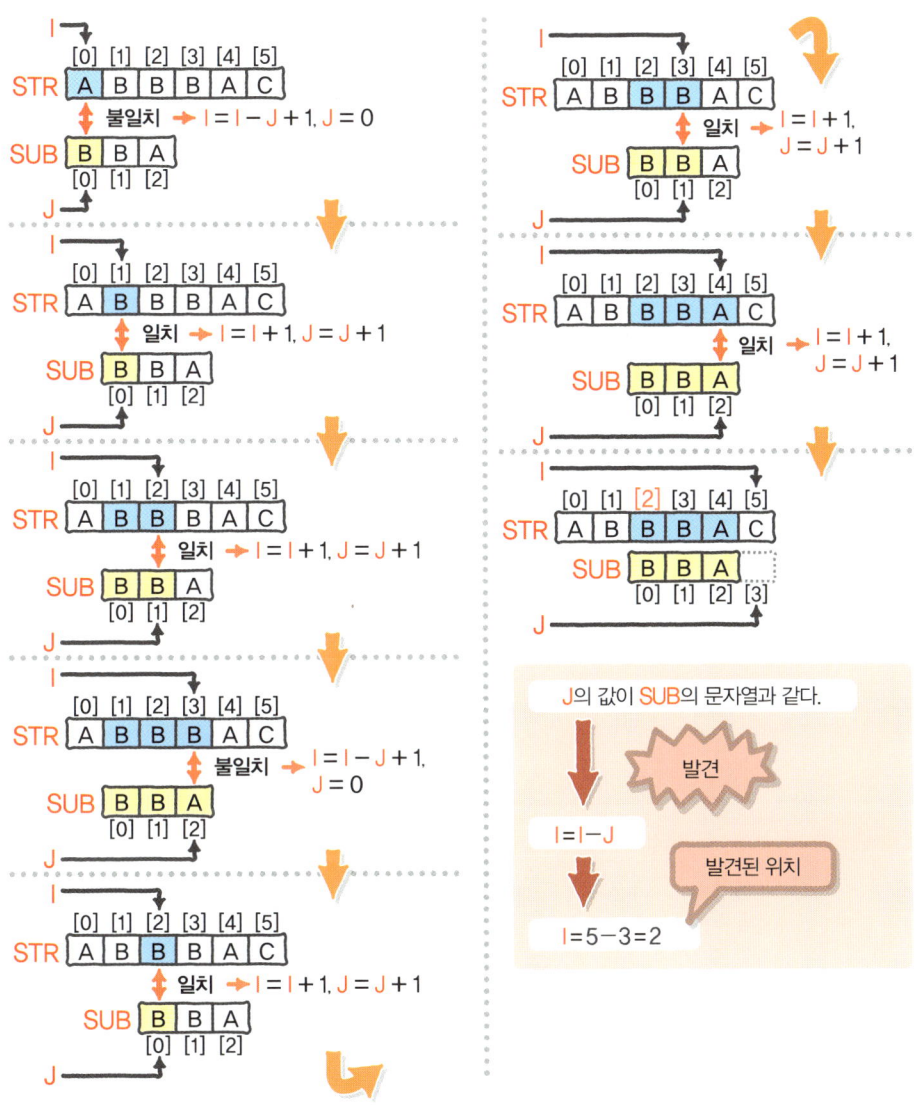

문자열 STR("ABBBAC") 안에서 문자열 SUB("BBA")의 위치를 검색하는 모습

064 비교할 필요가 없는 문자열은 건너뛰고 고속으로 검색하는 'KMP 알고리즘'

문자열 안에서 부분 문자열을 검색할 때, 부분 문자열로 검색에 실패한 위치를 바탕으로 다음번 검색 위치를 효율적으로 결정하는 알고리즘이 **KMP 알고리즘**입니다. KMP 알고리즘의 이름은 알고리즘의 고안자인 Knuth, Morris, Pratt 3명의 이름 첫 글자를 따서 지어진 것입니다.

KMP 알고리즘에서는 **실패 함수**라는 함수에 다음과 같은 정보를 넘겨서, 각각의 조건에 따라 다음 번에 문자 비교를 시작해야 할 가장 효율적인 위치를 구합니다.

❶ 부분 문자열이 불일치된 문자의 위치
❷ 나열된 부분 문자열의 문자 데이터

예를 들어, 문자열 STR "ABCABCDA" 안에서 문자열 SUB "ABCD"를 찾을 경우,

(1) STR[0] ~ [2]의 3문자와 SUB의 1번째 문자부터 문자 3개가 일치하지만, STR[3]의 'A' 와 SUB의 4번째 문자('D')가 일치하지 않습니다.

(2) 이 시점에서 문자열 SUB의 1번째 문자부터 3번째 문자까지의 문자가 모두 다르다는 점("ABC")에 주목하시기 바랍니다. STR[1] ~ [2]의 ("BC")와, STR[2]의 ("C")는 부분 문자열의 1번째 문자와 일치할 수 없습니다. 따라서 다음번에는 STR[3] ~과 SUB[0] ~을 비교하는 것이 좋습니다.

또한 문자열 STR "ABABABCD" 안에서 문자열 SUB "ABABC"를 찾을 경우,

(1) STR[0] ~ [3]의 4번째 문자와 SUB 처음부터 4번째 문자까지 일치하고, STR[4]의 'A' 와 SUB의 5번째 문자('C')에서 불일치가 발생합니다.

(2) 이 시점에서 문자열 SUB의 1번째 문자부터 "ABABC"처럼 "AB"라는 2개의 문자가 반복된다는 점에 주목하시기 바랍니다. STR[2] ~ [3] ("AB")와, SUB의 처음부터 2번째 문자까지("AB") 일치하고 있는 것을 알 수 있습니다. 따라서 다음번에는 STR[4] ~와 SUB[2] ~를 비교하는 것이 좋습니다.

- KMP 알고리즘에서는 검색할 부분의 문자열이 불일치한 위치와, 부분 문자열의 정보를 바탕으로 다음의 비교 위치를 구한다.

그림 1   KMP 알고리즘으로 문자열을 검색하는 모습

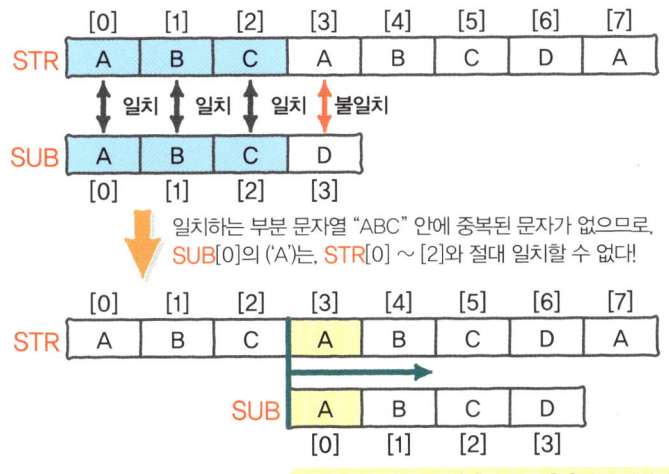

문자열 STR("ABCABCDA") 안에서 문자열 SUB("ABCD")의 위치를 효율적으로 찾아내는 모습

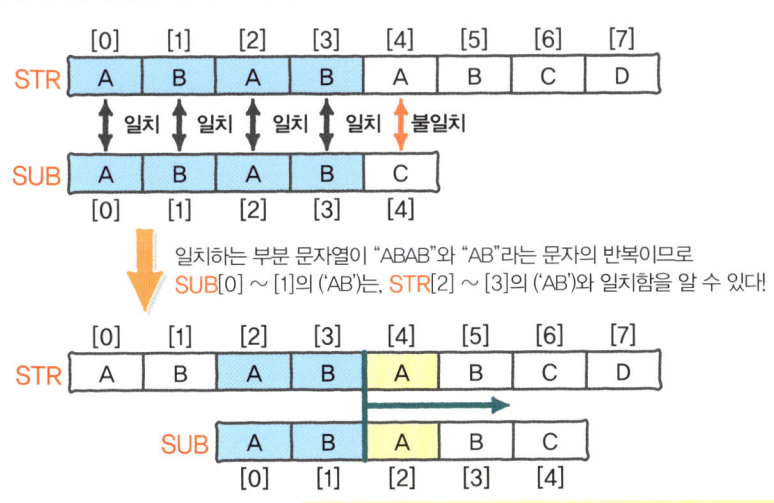

문자열 STR("ABABABCD") 안에서 문자열 SUB("ABABC")의 위치를 효율적으로 찾아내는 모습

065 문자열을 끝에서부터 검색하는 'BM 알고리즘'

검색할 문자열을 끝에서부터 비교하다가 일치하지 않는 문자를 만났을 때, 그 위치에 맞추어 검색 위치의 이동 범위를 효율적으로 결정하는 알고리즘이 **BM 알고리즘**입니다. BM 알고리즘의 이름은 알고리즘의 고안자인 Boyer, Moore 2명의 이름 첫 글자를 따서 지어진 것입니다.

BM 알고리즘의 가장 큰 특징은, 검색할 문자열의 끝에서부터 비교해 나간다는 점입니다. 그리고 문자의 불일치를 감지하면, 불일치한 문자를 기준으로하여 검색 위치를 효율적으로 바꿉니다.

예를 들어, 문자열 STR "ABCFABCDF" 안에서 문자열 SUB "ABCD"를 찾아내는 경우

(1) 우선, SUB의 마지막 문자 SUB[3]의 ('D')와 STR[3]의 ('F')를 비교하여 불일치로 판정합니다.

(2) 이 시점에서 STR의 불일치 문자('F')가 중요합니다. 이 문자 'F'는 검색 문자열 "ABCD" 안에 포함되어 있지 않습니다. 즉, 이 문자 'F'를 포함한 문자 4개의 위치에는 검색할 문자열이 결코 존재히지 않음을 알 수 있습니다. 따라서 문자를 비교할 다음 위치는 STR[4] ~ [7]까지라는 것을 단번에 알 수 있습니다.

또한 문자열 STR "ABCBCABD" 안에서 문자열 SUB "CBCAB"를 찾을 경우,

(1) 우선, SUB의 마지막 문자 SUB[4]의 ('B')와 STR[4]의 ('C')를 비교하여 불일치로 판정합니다.

(2) 이 시점에서 STR의 불일치 문자('C')가 중요합니다. 이 문자 'C'는 검색할 문자열 "CBCAB" 안의 2곳에 포함되어 있습니다. 이때, 문자열 끝부분에 보다 가까운 문자인 'C'가 위치하는 SUB[2]를 방금 불일치로 판정한 STR[4]와 동일한 위치로 단숨에 이동시킬 수 있습니다.

- BM 알고리즘은 검색할 문자열을 끝에서부터 비교하는 특징이 있다.

| 그림 1 | BM 알고리즘으로 문자열을 검색하는 모습 |

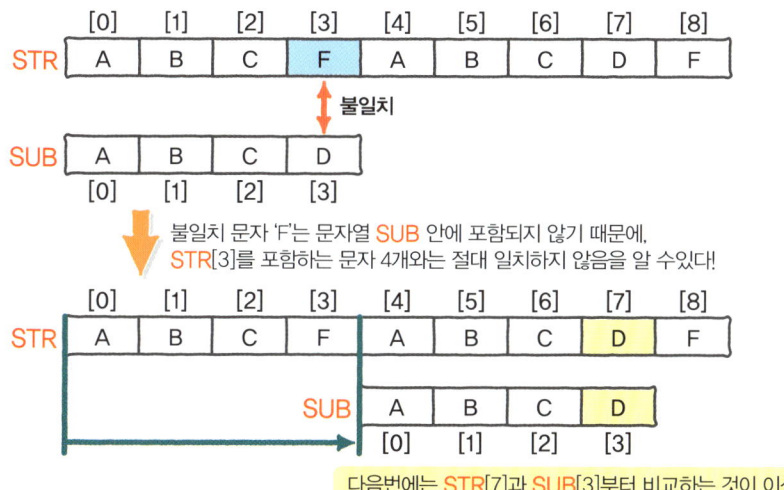

문자열 STR("ABCFABCDF") 안에서 문자열 SUB("ABCD")의 위치를 효율적으로 찾아내는 모습

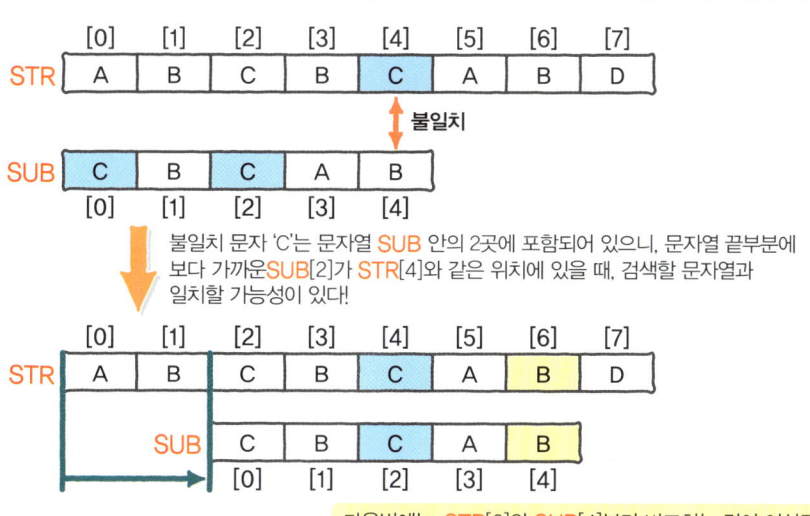

문자열 STR("ABCBCABD") 안에서 문자열 SUB("CBCAB")의 위치를 효율적으로 찾아내는 모습

COLUMN

관계형 데이터베이스를 이용한 정렬과 검색

현대의 컴퓨터 프로그램은 대량의 데이터를 효율적으로 처리하기 위해 **관계형 데이터베이스**라는 소프트웨어를 도입하고 있습니다. 이를 사용하면 프로그램에서 '프로그램을 실행하는 코드'와 '데이터 관리'의 역할을 분담할 수 있으므로, 프로그램의 개발과 유지 보수가 쉬워집니다.

데이터베이스를 이용하여 특정 데이터를 정렬하거나 검색할 때는, 특별한 데이터베이스 언어인 **'SQL'**을 이용하는 것이 일반적입니다. SQL로 SQL문이라는 문장을 작성할 수 있습니다. SQL문은 데이터에 쉽게 접근하여 조작할 수 있게 도와줍니다.

대규모 프로그램을 만들 때에는 이 SQL문에 대한 학습이 필요합니다. 그러나, 데이터베이스에서 가져온 데이터 열을 프로그램에서 한 번 더 정렬하거나 검색하는 경우도 있습니다. 그래야만 고속으로 처리할 수 있는 상황이 많기 때문입니다. 따라서 정렬과 검색 알고리즘의 학습은 결코 낭비가 아닙니다. 또한, 질 좋은 알고리즘의 학습은 질 좋은 프로그램 작성에 도움이 됩니다.

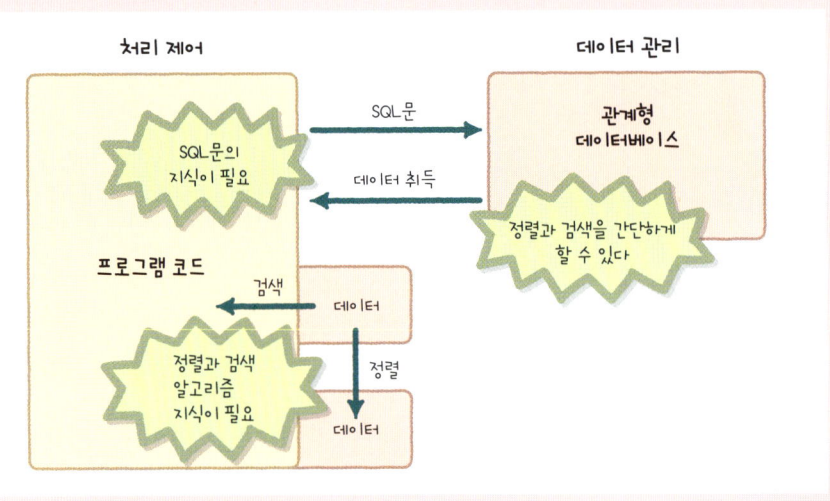

그 외의 알고리즘들

이 장에서는 먼저 과학 기술 계산 분야에서 활용할 수 있는
'고차 방정식의 해', '연립 방정식의 해', 그리고 '정적분의 값'을 구하는 알고리즘을 설명합니다.
또한, 그래프 이론을 이용하여 최적 경로를 찾는 알고리즘과 소수를 구하는 알고리즘,
그리고 마지막으로 '재귀 구조'를 활용한 계승의 계산도 다룹니다.

미분을 활용하여 고차 방정식의 해를 구하는 '뉴턴법'

고차 방정식의 해를 구하는 뉴턴법은 함수 $f(x)$가 x축과 만날 때, $f(x)$와 그 도함수 $f'(x)$를 이용하여 $f(x)=0$의 해 x를 구하는 알고리즘입니다. 예를 들어, $x^2=k$일 때 $x=\pm\sqrt{k}$입니다. 따라서 $f(x)=x^2-k$의 올바른 해는 k가 됩니다. 다음은 뉴턴 법을 사용하여 k값을 구하는 절차를 설명한 것입니다.

❶ 함수 그래프의 임의의 점 $P_0(x_0, f(x_0))$에서의 접선의 기울기를 구합니다. 접선의 기울기는 $f(x)=x^2-k$의 도함수 $f'(x)=2x$로 구할 수 있으므로

$f'(x_0)=2x_0$ ············(i)

❷ 접선의 기울기는 $\dfrac{y의 변화량}{x의 변화량}$이므로, P_0의 접선이 x축과 만나는 점을 x_1이라고 하면,

$f'(x_0)=\dfrac{f(x_0)}{x_0-x_1}$이므로, (i)에 의해 $2x_0=\dfrac{f(x_0)}{x_0-x_1}$ ············(ii)

❸ $f(x_0)=x_0^2-k$이므로, (ii)에 의해 $2x_0=\dfrac{x_0^2-k}{x_0-x_1}$이 되며, 이 식을 변형하면,

$2x_0(x_0-x_1)=x_0^2-k \rightarrow x_0-x_1=\dfrac{x_0^2-k}{2x_0} \rightarrow x_1=x_0-\dfrac{x_0^2-k}{2x_0}$

❹ 이것을 $P_1(x_1, f(x_1))$, $P_2(x_2, f(x_2))$ ……에도 동일하게 적용시키면,

$x_2=x_1-\dfrac{x_1^2-k}{2x_1}$, $x_3=x_2-\dfrac{x_2^2-k}{2x_2}$, …이 되어, $x_n=x_{n-1}-\dfrac{x_{n-1}^2-k}{2x_{n-1}}$ ············(iii)

따라서, x_0에 적당한 값을 부여하고 x_n과 x_{n-1} 값의 차이가 충분히 작아질 때까지 (iii)의 계산을 반복하면, x_n의 값이 $\sqrt{k}$의 근사값이 됩니다.

● 뉴턴법은 접선의 기울기를 '도함수'와 'x, y의 변화량'으로 표현하여 고차방정식의 해를 구하는 알고리즘이다.

그림 1 뉴턴이 떠올린 방법

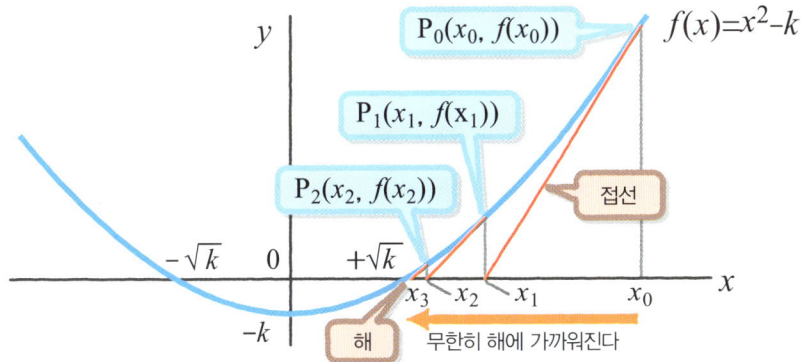

$f(x)=x^2-k$ 위의 점 $P_0(x_0, f(x_0))$의 접선과 x축이 만나는 점을 x_1로 한다
또한 점 $P_1(x_1, f(x_1))$의 접선과 x축이 만나는 점을 x_2로 한다
이 작업을 반복하면 x_n이 무한히 가까워진다

그림 2 뉴턴 법으로 $f(x)=x^2-5$의 해 $\sqrt{5}$의 근사값을 구하는 모습

$f(x)=x^2-5$ ⟶ $\sqrt{5}$ 의 근사값을 구한다

$$x_n = x_{n-1} - \frac{x_{n-1}^2 - 5}{x_{n-1}}$$

$x_0 = 10$ ← 초기값 10

$x_1 = x_0 - \dfrac{x_0^2-5}{2x_0} = 10 - \dfrac{10^2-5}{2\times 10} = 5.25$

$x_2 = x_1 - \dfrac{x_1^2-5}{2x_1} = 5.25 - \dfrac{5.25^2-5}{2\times 5.25} \fallingdotseq 3.101190$

$x_3 = x_2 - \dfrac{x_2^2-5}{2x_2} = 3.101190 - \dfrac{3.101190^2-5}{2\times 3.101190} \fallingdotseq 2.356737$

$x_4 = x_3 - \dfrac{x_3^2-5}{2x_3} = 2.356737 - \dfrac{2.356737^2-5}{2\times 2.356737} \fallingdotseq 2.239157$

$x_5 = x_4 - \dfrac{x_4^2-5}{2x_4} = 2.239157 - \dfrac{2.239157^2-5}{2\times 2.239157} \fallingdotseq 2.236070$

$x_6 = x_4 - \dfrac{x_5^2-5}{2x_5} = 2.236070 - \dfrac{2.236070^2-5}{2\times 2.236070} \fallingdotseq 2.236068$

$\sqrt{5}$ 의 근사값

무한히 해에 가까워진다

067 연립 방정식의 해를 구하는 가우스 소거법

가우스 소거법은 '미지수를 하나하나 줄여 나가는 작업'을 통해 연립 방정식을 푸는 알고리즘입니다. 왼쪽의 n차 연립 방정식을 행렬로 표현한 결과는 오른쪽과 같습니다.

$$a_{11}x_1 + a_{12}x_2 + a_{13}x_3 + \cdots + a_{1n}x_n = b_1$$
$$a_{21}x_1 + a_{22}x_2 + a_{23}x_3 + \cdots + a_{2n}x_n = b_2$$
$$\vdots$$
$$a_{n1}x_1 + a_{n2}x_2 + a_{n3}x_3 + \cdots + a_{nn}x_n = b_n$$

➡

$$\begin{pmatrix} a_{11} & a_{12} & \cdots & a_{1n} \\ a_{21} & a_{22} & \cdots & a_{2n} \\ \cdots & \cdots & \cdots & \cdots \\ a_{n1} & a_{n2} & \cdots & a_{nn} \end{pmatrix} \begin{pmatrix} x_1 \\ x_2 \\ \cdots \\ x_n \end{pmatrix} = \begin{pmatrix} b_1 \\ b_2 \\ \cdots \\ b_n \end{pmatrix}$$

위 수식은 다음과 같이 풀이할 수 있습니다.

1 단계 : a_{11}이 1이 되도록 1번째 방정식을 $1/a_{11}$배 곱한다.

(※ $a_{12}/a_{11}=p_{12}$, $a_{13}/a_{11}=p_{13}$, …, $a_{1n}/a_{11}=p_{1n}$, $b_1/a_{11}=q_1$로 한다.)

2 단계 : 2 ~ n번째 방정식에 대해 다음을 계산하여 a_{21} ~ a_{n1}이 0이되도록 한다.

(2번째 방정식) − (1번째 방정식) × a_{12}

$$\vdots$$

(n번째 방정식) − (1번째 방정식) × a_{1n}

위 과정을 2번째 방정식부터 3번째 방정식까지 순차적으로 반복해 나가면, 행렬의 왼쪽 위에서 오른쪽 아래로 대각선 성분이 모두 1, 왼쪽의 성분이 모두 0인 행렬을 구할 수 있습니다. 이를 **전진 소거** 단계라고 부릅니다.

다음으로 **후진 대입**이라는 단계를 실행합니다. 전진 소거 단계에서 $x_n = q_n$를 구했습니다. 이 시점의 1 단계 위의 행 $m = n-1$을 보면 $x_m + p_{mn}x_n = q_m$로 되어 있으므로, 이 식에 $x_n = q_n$을 대입하면 x_m의 값을 구할 수 있습니다. 그 다음 역시 1단 방정식에 대한 x_k의 값을 찾아갈 수 있습니다.

- 가우스 소거법은 '전진 소거' 및 '후진 대입'이라는 2 단계를 통해 연립 방정식의 해를 구한다.

제6장 | 그 외의 알고리즘들

그림 1 가우스 소거법으로 해를 구하는 모습

$$\begin{cases} 2x_1+3x_2+4x_3=28 \\ 3x_1-2x_2+3x_3=20 \\ -2x_1+4x_2+x_3=1 \end{cases}$$

행렬로 표현

$$\begin{pmatrix} 2 & 3 & 4 \\ 3 & -2 & 3 \\ -2 & 4 & 1 \end{pmatrix} \begin{pmatrix} x_1 \\ x_2 \\ x_3 \end{pmatrix} = \begin{pmatrix} 28 \\ 20 \\ 1 \end{pmatrix} \begin{matrix} \text{식 1} \\ \text{식 2} \\ \text{식 3} \end{matrix}$$

식 ① $\times \frac{1}{2}$

$$\begin{pmatrix} 1 & \frac{3}{2} & 2 \\ 3 & -2 & 3 \\ -2 & 4 & 1 \end{pmatrix} \begin{pmatrix} x_1 \\ x_2 \\ x_3 \end{pmatrix} = \begin{pmatrix} 14 \\ 20 \\ 1 \end{pmatrix} \begin{matrix} \text{식 1'} \\ \text{식 2} \\ \text{식 3} \end{matrix}$$

식 ② $-$ 식 ①' $\times 3$ 　　식 ③ $-$ 식 ①' -2

$$\begin{pmatrix} 1 & \frac{3}{2} & 2 \\ 0 & \frac{-13}{2} & -3 \\ 0 & 7 & 5 \end{pmatrix} \begin{pmatrix} x_1 \\ x_2 \\ x_3 \end{pmatrix} = \begin{pmatrix} 14 \\ -22 \\ 29 \end{pmatrix} \begin{matrix} \text{식 1'} \\ \text{식 2'} \\ \text{식 3'} \end{matrix}$$

식 ②' $\times (-\frac{2}{13})$

$$\begin{pmatrix} 1 & \frac{3}{2} & 2 \\ 0 & 1 & \frac{6}{13} \\ 0 & 7 & 5 \end{pmatrix} \begin{pmatrix} x_1 \\ x_2 \\ x_3 \end{pmatrix} = \begin{pmatrix} 14 \\ \frac{44}{13} \\ 29 \end{pmatrix} \begin{matrix} \text{식 1'} \\ \text{식 2''} \\ \text{식 3'} \end{matrix}$$

식 ③' $-$ 식 ②'' $\times 7$

$$\begin{pmatrix} 1 & \frac{3}{2} & 2 \\ 0 & 1 & \frac{6}{13} \\ 0 & 0 & \frac{23}{13} \end{pmatrix} \begin{pmatrix} x_1 \\ x_2 \\ x_3 \end{pmatrix} = \begin{pmatrix} 14 \\ \frac{44}{13} \\ \frac{69}{13} \end{pmatrix} \begin{matrix} \text{식 1'} \\ \text{식 2''} \\ \text{식 3''} \end{matrix}$$

행렬의 대각 성분이 1, 왼쪽 아래의 모든 성분이 0이 되어 가는 모습

전진 소거 　 후진 대입

식 1'　$x_1+\frac{3}{2}x_2+2x_3=14$

$x_1=14-\frac{3}{2}x_2-2x_3$

$\quad =14-\frac{3}{2}\times 2-2\times 3$

$\quad =14-3-6$

$x_1=5$

식 2''　$x_2+\frac{6}{13}x_3=\frac{44}{13}$

$x_2=\frac{44}{13}-\frac{6}{13}x_3$

$\quad =\frac{44}{13}-\frac{6}{13}\times 3$

$\quad =\frac{44}{13}-\frac{18}{13}$

$\quad =\frac{26}{13}$

$x_2=2$

식 3''　$\frac{23}{13}x_3=\frac{69}{13}$

$x_3=\frac{69}{13}\times\frac{13}{23}$

$x_3=3$

미지수를 하나씩 줄여서 해를 구한다

068 사다리꼴의 면적을 더하여 정적분의 값을 구하는 '사다리꼴 공식'

함수 $f(x)$의 정적분 값은 x축과 함수 $f(x)$의 그래프로 둘러싼 부분의 면적입니다. 여기에서 소개하는 사다리꼴 공식은 x축과 함수 $f(x)$의 그래프로 둘러싸인 부분의 면적을 구하는 방법입니다. 이 알고리즘은 y축과 평행한 선분을 사용하여 분할한 작은 구간들을 사다리꼴로 간주하고 그 사다리꼴들의 면적을 합하여 전체 면적을 구합니다. 즉,

함수 $\int_a^b f(x)dx$의 정적분의 근사값을 사다리꼴 면적의 합으로 구하는 방법

입니다. 그러면 이제부터 사다리꼴 공식의 개념을 자세히 설명하겠습니다.

함수 $f(x)$를 구간 $[a, b]$에서 정적분한 값은, $f(x)$와 직선 $y=0$, 직선 $x=a$ 및 직선 $x=b$로 둘러싸인 부분의 면적입니다(그림 a).

이 부분을 y축에 평행한 선분으로 n등분 했을 때, 각 구간의 x축 폭을 h라고 한다면, $h = \dfrac{b-a}{n}$이 됩니다. 이때, n등분한 각 구간들은 사다리꼴로 간주합니다(그림 b).

사다리꼴의 면적을 구하는 공식은 (윗 변+아랫 변)×높이÷2이므로, 구간 $[x_0, x_1]$부분의 면적은 $\dfrac{(f(x_0)+f(x_1))\times h}{2}$로 구할 수 있습니다(그림 c).

따라서 구간 $[x_i, x_{i+1}]$ 부분의 면적은 $\dfrac{(f(x_i)+f(x_{i+1}))\times h}{2}$이 되므로, 구간$[a, b]$의 면적은 다음 식을 통해 구할 수 있습니다.

$$\dfrac{(f(x_0)+f(x_1))\times h}{2} + \dfrac{(f(x_1)+f(x_2))\times h}{2} + \cdots + \dfrac{(f(x_{n-1})+f(x_n))\times h}{2}$$

$$= \dfrac{(f(x_0)+f(x_n))\times h}{2} + (f(x_1)+f(x_2)+\cdots+f(x_{n-1}))\times h$$

$$= \left(\dfrac{(f(x_0)+f(x_n))}{2} + f(x_1)+f(x_2)+\cdots+f(x_{n-1})\right)\times \dfrac{b-a}{n}$$

- 사다리꼴 공식은 함수 $f(x)$의 정적분 $\int_a^b f(x)$의 근사값을 사다리꼴 면적의 합계로 구한다.

| 제6장 | 그 외의 알고리즘들 |

그림 1 사다리꼴 공식의 개념

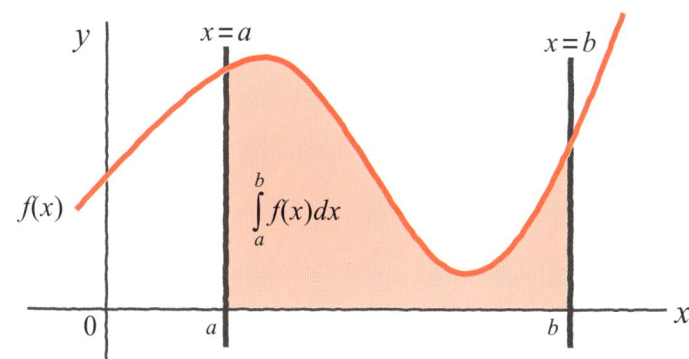

ⓐ 함수 $f(x)$를 구간 $[a, b]$에서 정적분한 값은 함수 $f(x)$와 직선 $y=0$, 직선 $x=a$와 직선 $x=b$로 둘러싼 부분의 면적이다

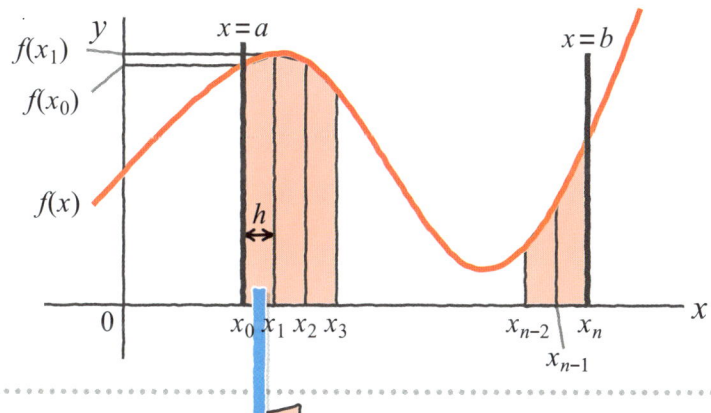

ⓑ y축에 평행한 선분으로 n등분했을 때의 각 구간을 사다리꼴로 간주한다

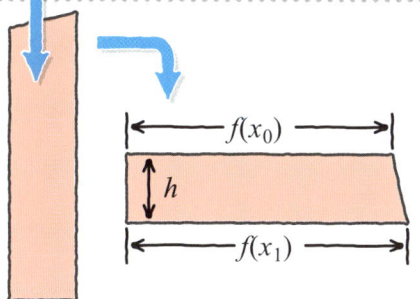

ⓒ 구간 $[x_0, x_1]$ 부분의 면적은 $\dfrac{(f(x_0)+f(x_1)) \times h}{2}$로 구할 수 있다

069 그래프에서의 최적 경로를 구하는 데이크스트라 알고리즘

현대에는 인터넷과 휴대전화의 길찾기를 이용하여 편리하게 '출발역에서 도착역까지의 경로'를 검색할 수 있게 되었습니다. 이러한 서비스들은 '최단거리' 혹은 '최저 운임 이동경로' 등의 다양한 최적 경로를 알려줍니다. 그러한 기능 구현에는 **그래프**를 이용하는 **데이크스트라 알고리즘**이 도움이 됩니다.

먼저 그래프로

- **꼭짓점** …… 출발점, 종착점 및 경유 지점
- **변** …… 꼭짓점과 꼭짓점을 연결하는 경로
- **변의 가중치** …… 경로를 통과하는 비용(시간 혹은 운임)

들을 표현합니다. 이 그래프를 이용하여 데이크스트라 알고리즘을 사용한 최적 경로를 찾는 절차는 다음과 같습니다.

1 단계 : 출발점의 [검색됨 플래그]를 켠다. 그 이외 모든 꼭짓점들의 [검색됨 플래그]를 끈다.

2 단계 : [검색됨 플래그]가 켜진 모든 꼭짓점들과 변으로 연결되어 있는 [검색됨 플래그]가 켜진 꼭짓점들의 목록을 구한다.

3 단계 : [검색됨 플래그]가 켜져 있는 꼭짓점으로 향하는 경로의 '가중치' 합계와 2 단계에서 구한 꼭짓점으로 향하는 '변의 가중치' 합계가 가장 적은 꼭짓점을 새롭게 선택한다.

4 단계 : 3 단계에서 선택한 새로운 꼭짓점이

종착점 이라면 …… 그곳에 이르기 까지의 경로를 최적 경로로 삼는다.

종착점이 아니라면 …… 그 꼭짓점의 [검색됨 플래그]를 켜고 2 단계 절차를 다시 반복한다.

- 출발점, 종착점, 경유 지점과 그들을 연결하는 경로를 그래프로 표현하여 데이크스트라 알고리즘으로 최적 경로를 구한다.

제6장 그 외의 알고리즘들

그림 1 데이크스트라 알고리즘으로 최적의 경로를 찾는 모습

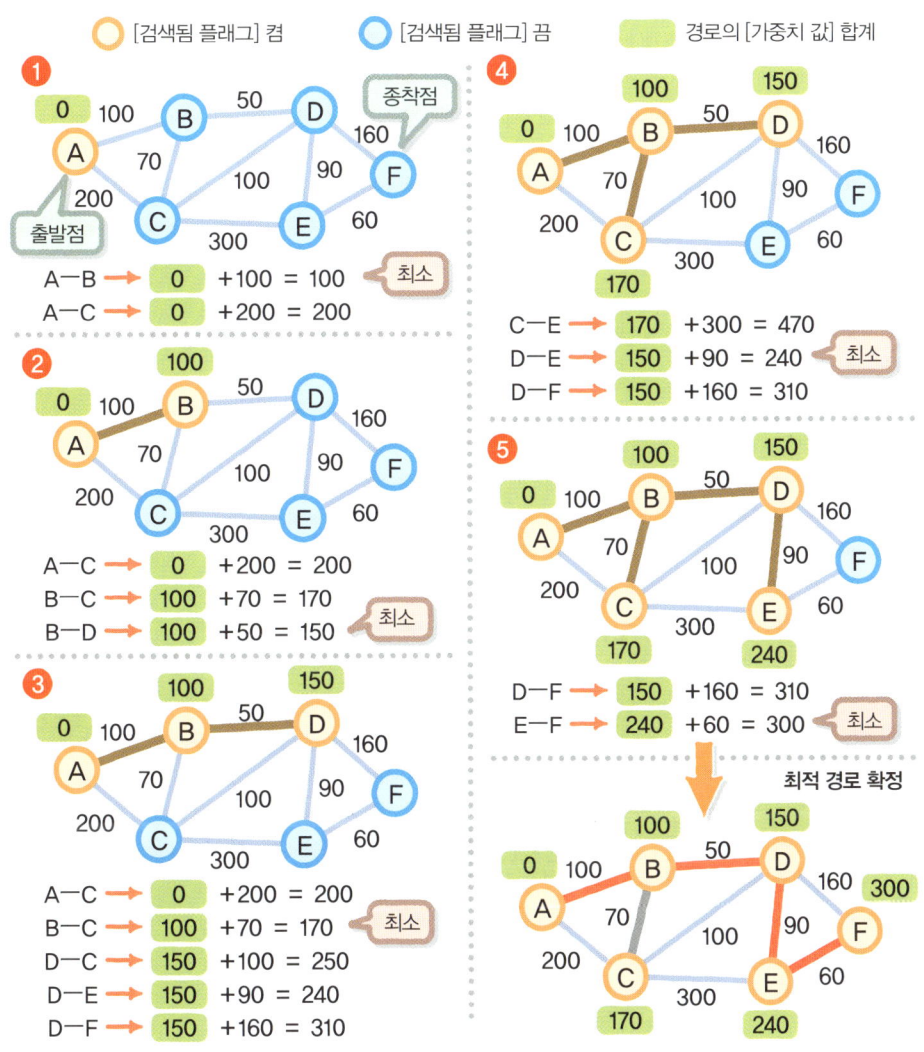

'검색된 꼭짓점'에서 '검색되지 않은 꼭짓점'으로 향하는 모든 경로들을 열거하고, 그 중에서 가중치가 가장 작은 경로를 선택해 나간다

용어 해설

[검색됨 플래그] ➔ 이미 검색되었는지를 기록하기 위한 표시

070 자연수 n이 소수인지 아닌지를 걸러 내는 '에라토스테네스의 체'

'소수'란 다음과 같이 '1과 자신만을 약수로 갖는 1보다 큰 자연수'를 뜻합니다.

2, 3, 5, 7, 11, 13, 17, 19, 23, 29, 31, 37, …

이러한 소수를 구하는 유명한 방법으로 **에라토스테네스의 체**라는 알고리즘이 있습니다. 이 알고리즘은 마치 '체'처럼 소수만 골라냅니다.

> 일단 N까지의 자연수를 나열하고, 그 중에서 소수가 아닌 수(합성수)를 걸러 냈을 때, 마지막까지 남은 자연수가 소수이다.

다음은 자연수 2 ~ N 사이의 소수 수열 PRIME을 '에라토스테네스의 체'로 구하는 방법을 표현한 것입니다.

1단계 : 2 ~ N까지의 자연수의 수열 DATA를 만든다.

DATA = (2, 3, 4, 5, 6, 7, 8, 9, 10, 11, 12, 13, 14, 15, … N − 1, N)

2단계 : 수열 DATA의 1번째 요소 P를 소수 열 PRIME으로 이동시킨다.

DATA = (3, 4, 5, 6, 7, 8, 9, 10, 11, 12, 13, 14, 15, … N − 1, N)
PRIME = 2

3단계 : 2단계에서 구한 소수 P의 배수(2배~)를 수열 DATA에서 걸러 낸다.

DATA = (3, 5, 7, 9, 11, 13, 15, … N−1)
PRIME = 2

4단계 : 수열 DATA의 최대 값이 수열 PRIME의 최대 값의 제곱 이상이라면, 2 ~ 3단계를 반복한다.

5단계 : 수열 DATA에 남은 숫자를 소수 열 PRIME의 끝으로 이동시킨다.

- '에라토스테네스의 체'는 자연수 중에서 소수가 아닌 값을 걸러내어 소수를 구하는 알고리즘이다.

제6장 그 외의 알고리즘들

그림 1 에라토스테네스의 체로 소수 열을 구하는 모습

2 ~ 25 사이의 자연수에서 소수열을 구한다. 2의 배수, 3의 배수, 5의 배수를 구한 시점에 모든 소수를 구하게 된다
이 시점의 DATA의 최대 값이 PRIME의 최대 값의 제곱보다 작기 때문이다

071 재귀호출을 이용하여 N의 팩토리얼 구하기

'재귀호출'이란 함수 $f(x)$가 값을 구하기 위해, 자기 자신 $f(x)$을 호출하는 표현이 포함된 상황을 뜻합니다. 즉 함수 $f(x)$로 특정한 값을 구하려면, 그 함수 $f(x)$가 자기 자신 $f(x)$을 호출한 결과값이 필요한 것입니다. 단순히 자기 자신을 다시 호출하기만 한다면 자기 자신을 영원히 호출해 버리기 때문에 무한 루프에 빠질 수 있습니다. 이는 뱀이 자신의 꼬리를 삼키는 상황에 비유할 수 있습니다.

따라서 재귀호출 함수를 작성할 때에는, 전달된 인수의 값에 따라
- '자기 자신 $f(x)$를 다시 호출하는 경우'와 '단순하게 결과값만 반환하는 경우'

를 만드는 등의 변화를 주어서, 자기 자신을 무한히 호출하는 상황을 막아야 합니다.

여기서는 n의 팩토리얼($n!$)를 구하는 알고리즘을 통해, '재귀호출'이란 무엇인지를 설명해 보겠습니다.

$n!$의 값은 $1 \times 2 \times 3 \times \cdots\cdots \times (n-1) \times n$으로 구할 수 있습니다. 이 때 만약 $(n-1)!$를 어떠한 방법으로든 구했다고 가정한다면, $n!$은 $(n-1)! \times n$으로 구할 수 있습니다. 즉 $n!$을 구하는 함수를 $fact(n)$라고 했을 때,

$$fact(n) = fact(n-1)! \times n$$

같이 $fact$ 함수가 스스로를 호출하도록 표현할 수 있습니다. 따라서
- $n = 1$라면 $1! = 1$을 반환한다.
- $n \geq 2$라면 $fact(n-1)! \times n$을 반환한다.

라는 내용의 $fact(n)$을 정의하면 함수 $fact$만으로 n의 팩토리얼 값을 계산할 수 있는 것입니다.

- 재귀호출이란, 뱀이 자신의 꼬리를 삼키듯 함수가 자기 자신을 호출하는 것이다.

제6장 그 외의 알고리즘들

그림 1 n의 팩토리얼을 구하는 모습

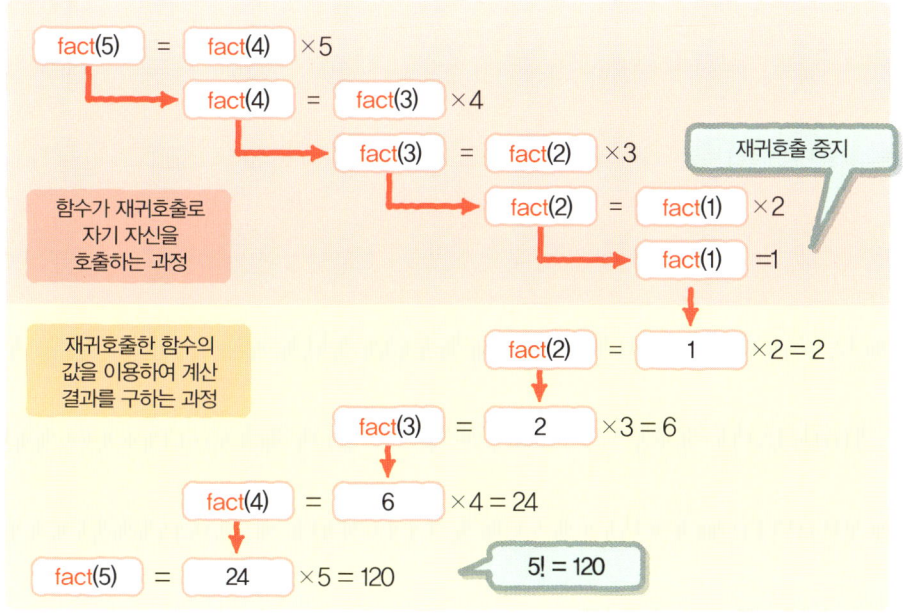

재귀호출 함수로 정의된 n의 팩토리얼을 구하는 함수 fact(n)을 이용하여 5의 팩토리얼을 구하는 모습

COLUMN

알고리즘과 플로우 차트(순서도)

알고리즘의 처리 흐름(문제 해결의 방법)을 시각적으로 명확하게 설명하기 위해 플로우 차트(순서도)가 가장 자주 이용됩니다. 순서도는 미리 약속된 기호들을 사용하여 처리의 흐름을 설명합니다. 알고리즘 학습에 앞서서 학습하시기를 추천합니다. 여기에서는 일부 대표적인 순서도 기호들을 소개하겠습니다.

- **터미널** … 프로그램의 시작과 종료를 표시한다.
- **처리** … 처리 내용을 적는다.
- **판단** … 적혀 있는 조건에 따라 처리를 분기한다.
- **반복** … 루프(반복처리)의 시작과 끝을 적는다.
- **정의된 처리** … 다른 곳에서 정의된 처리(보조 프로그램 등)를 호출한다.
- **흐름선** … 처리 흐름을 표시한다. 화살표를 사용하여 처리 방향을 명확하게 표시할 수도 있다.

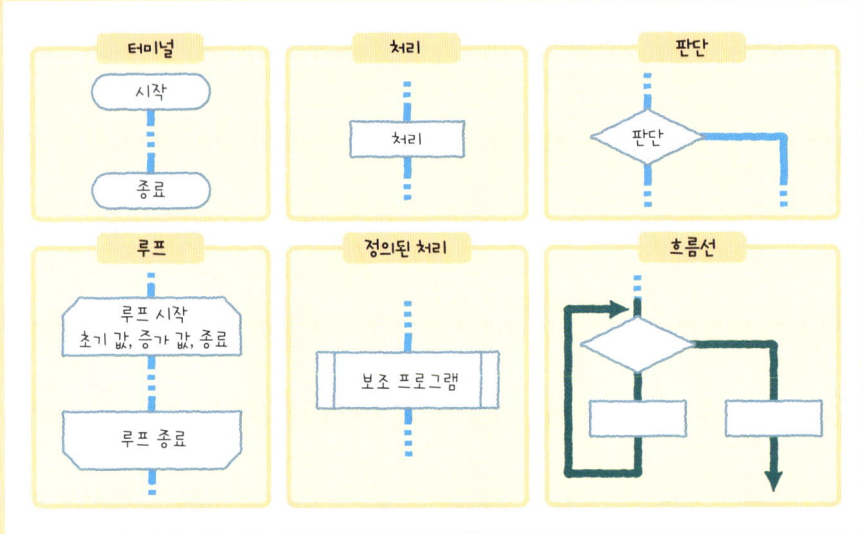

알고리즘의 계산량

알고리즘은 주어진 '과제'를 해결할 수 있어야만 합니다.
따라서 보다 빠르게, 보다 예술적으로 과제를 해결할 수 있는 알고리즘이
뛰어난 알고리즘이라고 할 수 있습니다. 이 장에서는 우수한 알고리즘(고속 여부)을
판단하는 기준인 계산량을 설명합니다.

072 알고리즘의 계산량에는 시간 계산량과 영역 계산량이 있다

알고리즘의 좋고 나쁨을 평가할 때, 즉, 대상 알고리즘이 '얼마나 효율적인가'를 증명할 때에는 **시간 계산량**과 **영역 계산량**을 기준으로 삼습니다.

시간 계산량은 해당 알고리즘을 실행시 소요되는 시간을 뜻합니다. 물론, 컴퓨터에서 실행되는 프로그램으로 알고리즘의 절차들을 구현하고, 실제 스톱 워치를 사용하여 '준비! 시작!' 신호와 함께 프로그램을 실행시켜서 종료까지의 시간을 측정하는 방식으로 시간 계산량을 측정할 수도 있습니다. 그러나 이같은 실제 측정값은

- 실행하는 컴퓨터의 성능
- 주변기기와 데이터의 입출력에 걸리는 시간

등에 영향을 받으므로 객관적인 값으로 볼 수 없습니다. 따라서 알고리즘의 시간 계산량은 '연산', '조건 비교', '변수 대입' 등의 조작(단계)들을 하나의 단위로 삼아, 각각의 실행 횟수로 측정합니다. 이렇게 하면, 실제 컴퓨터의 성능 등에 영향을 받지 않는 이론상의 속도를 계산할 수 있으며, 알고리즘의 좋고 나쁨을 비교할 수 있습니다.

영역 계산량이란 해당 알고리즘 실행시에 사용되는 '공간적 자원'의 크기입니다. 공간적 자원은 프로그램 실행시에 사용되는

- 상수 영역
- 변수 영역
- 배열 영역
- 스택 같은 작업 영역

등의 총 합계, 즉, 사용하는 메모리 영역의 크기를 뜻합니다.

이렇게 알고리즘의 계산량을 평가하는 기준에는 크게 두 가지가 있습니다만, 일반적으로 알고리즘의 계산량이 문제시 될 경우 '시간 계산량'으로 평가합니다.

- '시간 계산량'은 처리 조작 횟수로 측정한다.
- '영역 계산량'은 사용하는 메모리 영역의 크기로 측정한다.

제7장 알고리즘의 계산량

그림 1 시간 계산량이란

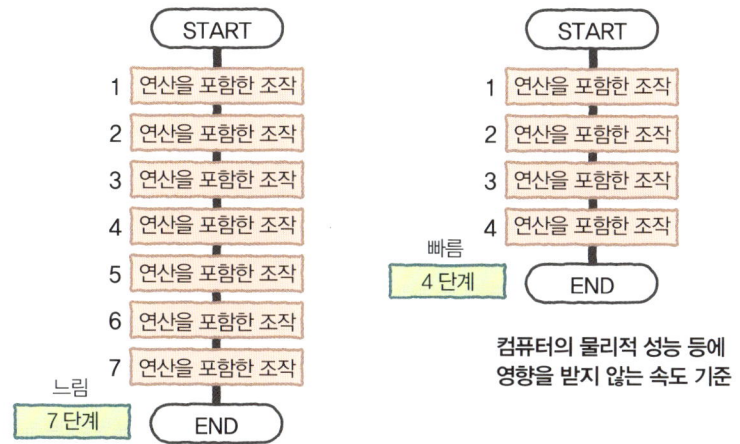

알고리즘의 '작업' 개수를 이론적인 시간 계산량으로 한다

그림 2 영역 계산량이란

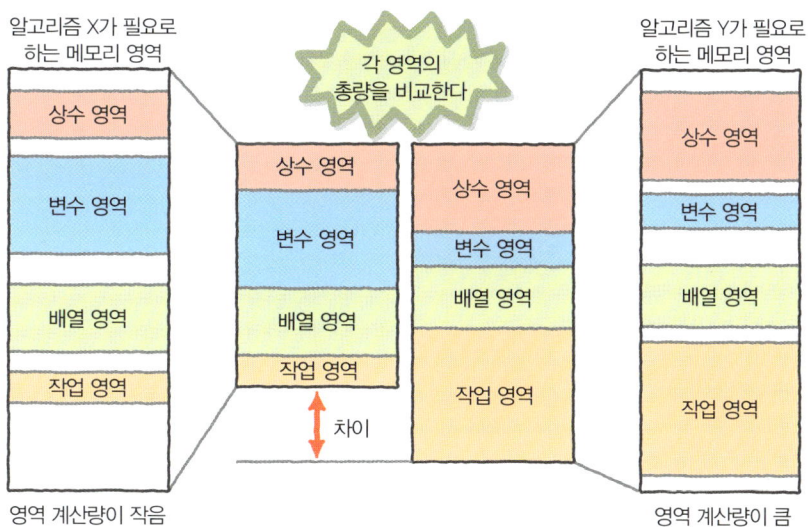

알고리즘에서 사용하는 상수 영역, 변수 영역, 배열 영역, 작업 영역 등의 합계를 영역 계산량으로 한다

073 시간 계산량은 '연산', '조건 비교', '대입' 등의 조작 횟수로 측정한다

알고리즘의 계산량을 '시간 계산량'을 이용하여 측정하는 방법을 소개합니다. 간단한 수의 합을 구하는 계산을 예로 들어, 하나하나 계산하는(효율이 좋지 않은) 알고리즘과 스마트하게 계산하는(효율적인) 알고리즘 간의 계산량에 얼마만큼의 차이가 있는지 실제로 증명해 보겠습니다. 1 ~ N의 합계를 구하는 계산을 예로 들어 보겠습니다. 하나하나 더하여 합을 계산하는 알고리즘은 다음과 같습니다.

1 단계 : 합계를 저장하는 변수 SUM을 0으로 초기화한다.
2 단계 : 더할 값을 저장하는 변수 VALUE에 1을 대입한다.
3 단계 : 변수 VALUE가 N보다 작거나, 판정한 결과가 '참'이라면 4 ~ 5 단계를 반복한다.
4 단계 : SUM에 VALUE 값을 더한다.
5 단계 : VALUE 값을 1씩 증가시킨다.

이 알고리즘에서 각각의 단계는 다음 횟수만큼 실행됩니다.

　　　1 단계 (1회)　　2 단계 (1회)　　3 단계 (N + 1회)
　　　4 단계 (N회)　　5 단계 (N회)

따라서 계산량은 1 + 1 + (N + 1) + N + N = 3N + 3이 되며, N 값에 비례하여 커지므로 비효율적임을 알 수 있습니다.

한편, 1 ~ N까지의 합계는 $\frac{N(N+1)}{2}$ 로도 구할 수 있습니다. 이 계산식을 이용한 알고리즘은 다음과 같은 단계를 거칩니다.

1 단계 : N과 1을 더한다.
2 단계 : N과 1 단계에서 구한 값을 곱한다.
3 단계 : 2 단계에서 구한 값을 2로 나눈다.

이 알고리즘은 1 ~ 3 단계는 각각 항상 1번씩만 실행됩니다. 따라서 계산량은 N의 값에 관계없이 항상 3이며, 매우 효율이 높다는 사실을 알 수 있습니다.

- 계산할 데이터의 개수와 계산량이 비례하는 알고리즘은 대량 데이터를 취급할 때 효율이 낮다.

제7장 　알고리즘의 계산량

그림 1 　효율적으로 1 ~ N의 합계를 구하는 알고리즘의 계산량

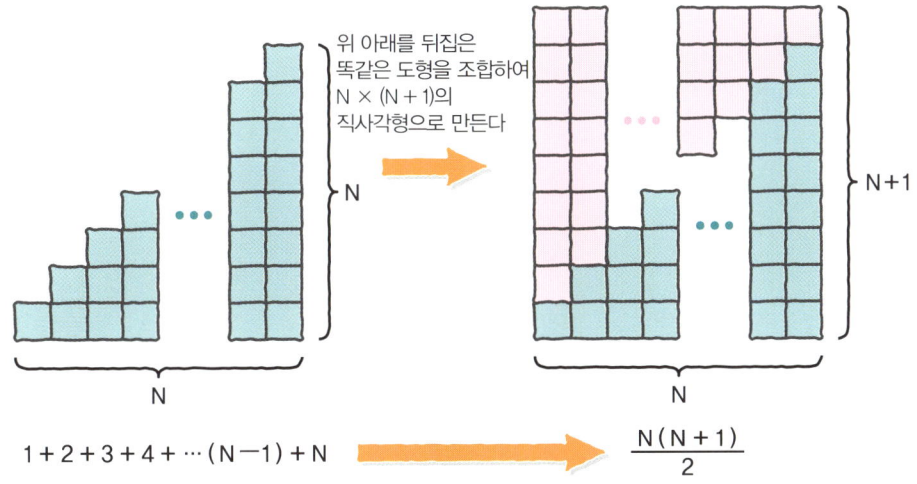

위 아래를 뒤집은 똑같은 도형을 조합하여 N × (N + 1)의 직사각형으로 만든다

$$1 + 2 + 3 + 4 + \cdots (N-1) + N \longrightarrow \frac{N(N+1)}{2}$$

처리	조작 횟수
1 단계 : N과 1을 더한다	1
2 단계 : N과 1 단계에서 구한 값을 곱한다	1
3 단계 : 2 단계에서 구한 값을 2로 나눈다	1
합계	3 ← 계산량

계산량은 3이 되며 계산할 데이터의 개수 N에 의존하지 않기 때문에, 대량 데이터를 처리할 경우에 매우 효율적이다

동일한 결과를 얻는 알고리즘이라도 그 절차는 효율적이거나 비효율적일 수 있구나! 알고리즘을 보다 효율적으로 만들 수 있도록 유의해야겠다

074 알고리즘의 계산량은 'O(빅-오) 표기법'으로 표현한다

알고리즘의 계산량(시간 계산량)을 표기할 때 'O(빅-오) 표기법'을 일반적으로 사용합니다.

O 표기법에서는 측정 대상 알고리즘의 계산량을 처리하는 데이터의 개수 n을 기준으로 표기합니다. 예를 들어, n개 데이터의 계산량이 n에 비례한다면 O(n)라고 표기합니다. '073'에서 계산량을 계산했던 '1 ~ N까지의 합을 하나하나 더하여 계산하는 알고리즘'에서, 데이터의 개수가 N개일 경우 조작 횟수는 3N + 3이 되었습니다. N의 값이 한없이 커지게 되면, 'N의 계수 3'과 '3 더하기'의 영향이 거의 사라집니다. 따라서, 이 경우의 계산량은 O(n)이 됩니다. 또한, '073'의 $\frac{N(N+1)}{2}$으로 1 ~ N까지의 합을 구하는 알고리즘'에서는, 데이터의 개수 N에 의존하지 않으며, 계산량은 항상 3이 됩니다. 이처럼 N에 의존하지 않는 계산량은, O(1)이라고 표기합니다.

'053'에서 소개한 '단순 교환 정렬(버블 정렬)'을 사용하여 정렬할 때의 계산량은 N 값이 커짐에 따라, N의 값에 의존하는 이중 루프(반복 안의 반복) 처리가 대부분의 작업이 됩니다. 즉 N × N번의 작업이 모두 계산량이 되는 것입니다. 따라서 이 경우의 계산량은 $O(n^2)$이 됩니다.

'062'에서 소개한 '이진 검색(바이너리 서치)'을 사용하여 검색할 때의 계산량 또한 계산해 보겠습니다. 이진 검색은 1번째 탐색 범위가 N일 경우, 1번 조작할 때마다 검색 범위가 1/2로 좁혀집니다. 따라서 탐색 범위가 1이 될 때까지의 반복 횟수를 k라고 하면 $N \times \left(\frac{1}{2}\right)^k = 1$이 되고, 이 식을 변형하면 $2^k = N \rightarrow k = \log_2 n$이 됩니다. 따라서 이진 검색의 계산량은 $O(\log_2 n)$이 됩니다.

O 표기법에 따른 계산량의 대소 관계는 일반적으로 다음과 같습니다.

$$O(1) < O(\log_2 n) < O(n) < O(n \cdot \log_2 n) < O(n^2) < O(2^n)$$

- 알고리즘의 계산량은 처리하는 데이터의 개수 N을 기준으로 하는 O 표기법으로 표현한다.

제7장 알고리즘의 계산량

그림 1 O 표기법으로 표현하는 계산량

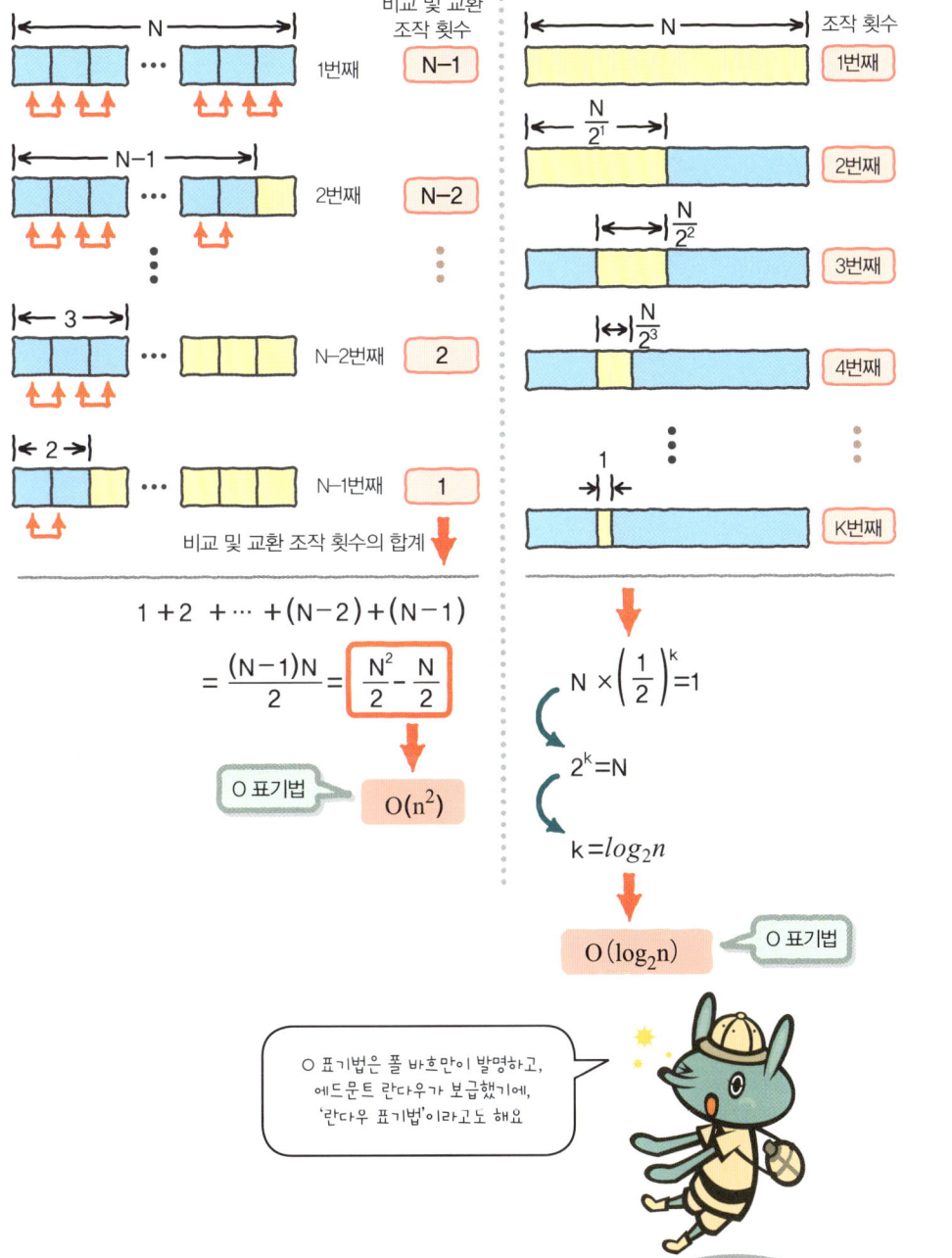

COLUMN

프로그래밍을 잘 하려면

프로그래밍 실력 향상에는 알고리즘의 학습이 있어야 합니다. 알고리즘은 프로그래밍의 기초가 됩니다. 그러나 알고리즘만 배워서는 프로그래밍 실력이 늘지 않습니다. 프로그래밍 실력을 향상시키려면 실제로 동작하는 멋진 프로그램들을 모방하는 과정이 필요합니다.

실제로 다양한 분야에서 모방하는 과정을 통하여 학습하는 예를 찾아볼 수 있습니다. 예를 들어, 한글을 배울 때에는 '글씨본'을 따라 쓰는 것부터 시작합니다. 악기를 연주하는 경우에는 훌륭한 뮤지션의 연주를 잘 듣고, 따라하는 것이 중요합니다. 영어회화 실력을 향상시키려면 원어민의 영어 발음을 흉내내어야 합니다.

프로그래밍의 세계도 마찬가지입니다. 실제로 동작하는 프로그램을 모방하여 얻을 수 있는 지식은 매우 큰 의미를 갖습니다. 독자 여러분께서도 훌륭한 프로그램을 모방하시고, 그들을 응용하여 보다 훌륭한 알고리즘, 보다 훌륭한 프로그램을 만들어 가시길 바랍니다.

참고 문헌

[그림으로 이해하는 알고리즘의 기본과 구조] 스기우라 켄 저
(히데카즈 시스템, 2009년)

[알고리즘의 기초] 오오모리 카츠시, 기무라 하루히코, 히로세 사다키 저
(쿄리츠 출판, 1997년)

[도해 알고리즘 입문] 하야시 마사유키 저
(쿄리츠 출판, 1992년)

[C 언어 알고리즘과 자료구조 입문] 히가시노 카츠지, 요시타니 야스마사, 우스다 쇼지 저
(모리 키타 출판, 2000년)

[알고리즘과 자료 구조] 아리사와 마코토, 니시무라 슌스케 저
(짓쿄 출판, 1998년)

색인

숫자와 영어
- BM 알고리즘 ··· 20, 138, 148
- O 표기법 ·· 170
- KMP 알고리즘 ··· 20, 138, 146
- PUSH ·· 62
- POP ·· 62

ㄱ, ㄴ
- 가우스 소거법 ··· 20, 154
- 검색 ··· 20, 138, 140
- 꼭짓점 ·· 84, 158
- 노드 ····································· 78, 80, 84
- 노드 깊이 ··· 78, 80
- 뉴턴법 ·· 152

ㄷ
- 다차원 배열 ··· 48
- 단방향 리스트 ·· 68, 78
- 단순 교환 정렬 ·· 20, 116, 124
- 단순 문자열 일치 ··· 20
- 단순 삽입 정렬 ·· 20, 116, 126
- 단순 선택 정렬 ·· 20, 116, 122
- 데이크스트라 알고리즘 ································ 20, 158
- 데이터 ······························· 12, 14, 24, 26
- 데이터 삭제 ·· 74
- 데이터 삽입 ·· 74
- 데이터베이스 ·· 138, 150
- 데이터 타입 ·· 26, 38

ㄹ, ㅁ
- 루프 ·· 18, 162, 164, 170
- 리프 ·· 78
- 링 버퍼 ··· 76
- 무한루프 ··· 18, 162
- 메모리 공간 ··· 112

ㅂ
- 바이너리 서치 ·· 20, 138, 142
- 방향없는 그래프 ··· 84
- 버블 정렬 ·· 20, 116, 124, 170
- 버킷 정렬 ··· 116, 118, 120
- 변수 ································· 18, 30, 32, 34, 36, 38
- 변수 영역 ··· 166
- 병합 ··· 116, 130

병합 정렬 ·· 20, 116, 130, 132
- 배열 ································· 40, 42, 46, 50
- 배열 요소 ·· 44, 46, 48
- 배열 요소 수 ··· 46
- 보초 ··· 54, 94, 96
- 뿌리(루트 노드) ·· 78

ㅅ, ㅇ
- 사다리꼴 공식 ·· 20, 156
- 순서도 ·· 164
- 소수 ·· 20, 160
- 셸 정렬 ·· 20, 116, 128
- 스택 ·· 62
- 에라토스테네스의 체 ···································· 20, 160
- 양방향 리스트 ·· 70
- 영역 계산량 ··· 164
- 유클리드 호제법 ·· 20, 110
- 이진 검색 ··· 20, 138, 142
- 이진 트리 ·· 78, 80, 136
- 잎(리프)

ㅈ, ㅊ
- 자료구조 ··· 58, 60, 62
- 정당성 ·· 18
- 정적분 ·· 20, 156
- 중지성 ·· 18
- 재귀 호출 ·· 162
- 충돌 ·· 82
- 첨자 ··································· 44, 50, 56
- 최솟값 ·· 80, 98, 100
- 최적 경로 ·· 20, 158

ㅋ, ㅌ, ㅍ
- 카운터 ·· 94, 96
- 큐 ··· 64
- 퀵 정렬 ··· 20, 116, 134
- 트리 ·· 60, 78
- 피보나치 수열 ··· 90

ㅎ
- 해시 함수 ·· 82
- 해시 테이블 ·· 82
- 힙 ·· 80, 116, 136
- 힙 정렬 ·· 116, 136

그림으로 배우는 알고리즘

1판 1쇄 발행 2016년 6월 28일
1판 5쇄 발행 2021년 8월 13일

저　　자 | 스기우라 켄
역　　자 | 서재원
발 행 인 | 김길수
발 행 처 | (주)영진닷컴
주　　소 | (우)08507 서울특별시 금천구 가산디지털1로 128 STX-V타워 4층 401호
　　　　　(주)영진닷컴 기획1팀

출판등록 | 2007. 4. 27. 제16-4189호

ⓒ2016.,2021 (주)영진닷컴

ISBN 978-89-314-5396-6

파본이나 잘못된 도서는 구입하신 곳에서 교환해 드립니다.